Daniela Tausch-Flammer/Lis Bickel

Wenn Kinder nach dem Sterben fragen

HERDER spektrum

Band 4882

Das Buch

Der Verlust eines nahen oder geliebten Menschen ist für Kinder ein schockierendes und unbegreifliches Erlebnis. Eine Erfahrung, deren Bedrohlichkeit dadurch noch gesteigert wird, daß es uns Erwachsenen häufig schwerfällt, uns auf dieses Thema kindgerecht einzulassen. Wenn Kinder nach dem Sterben fragen, brauchen Sie jemanden, der ihnen zuhören und mit ihnen sprechen kann. Zwei erfahrene Autorinnen helfen auf einfühlsame Weise, Tod und Sterben als natürlichen Teil des Lebens anzunehmen und zeigen ganz praktisch wie man Kinder in ihrem Schmerz und ihrer Trauer behutsam begleiten kann.

Die Autorinnen

Dr. Daniela Tausch-Flammer, Diplompsychologin, Initiatorin und bis Mai 1997 Sprecherin des Hospiz-Dienstes „Begleitung Sterbender und ihrer Angehörigen" in Stuttgart. Bei Herder: „Sterbenden nahe sein - Was können wir noch tun?" (Band 4919); „Wenn ein Mensch gestorben ist - Wie gehen wir mit dem Toten um?" (mit Lis Bickel); „Spiritualität der Sterbebegleitung" Hg. mit Lis Bickel; „In meinem Herzen die Trauer - Texte für schwere Stunden" Hg. mit Lis Bickel; Jeder Tag ist kostbar. Endlichkeit erfahren – intensiver leben (Band 5522).
Lis Bickel, Künstlerin, Kunsttherapeutin und Pädagogin in Stuttgart, ist Mitarbeiterin des Stuttgarter Hospiz-Dienstes.

Daniela Tausch-Flammer/
Lis Bickel

Wenn Kinder nach dem Sterben fragen

Ein Begleitbuch für Kinder, Eltern und Erzieher

HERDER

FREIBURG · BASEL · WIEN

Gedruckt auf umweltfreundlichem,
chlorfrei gebleichtem Papier

6. Auflage

10. Gesamtauflage

www.herder.de
Neuausgabe als Taschenbuch Verlag Herder 1998
Herstellung: fgb · freiburger graphische betriebe 2004
www.fgb.de
Umschlaggestaltung und Konzeption:
R·M·E München/Roland Eschlbeck, Liana Tuchel
Umschlagmotiv: © Tony Stone Bilderwelten
ISBN 3-451-04882-5

Inhalt

Danksagung 9

Erster Teil:
Für Eltern, Lehrer, Erzieher und begleitende Erwachsene

Gedanken zur Entstehung des Buches – Wünsche und Hoffnungen zum Geleit 12

An wen wendet sich das Buch – Was kann es Kindern und Jugendlichen geben? 15

Die eigene Auseinandersetzung mit Sterben und Tod – Eine Voraussetzung, mit Kindern offen über den Tod zu sprechen 18

Fragen zur inneren Auseinandersetzung 22

Die Angst vor dem Sterben 24

Die Angst vor dem Tod 25

Ein Leben nach dem Tod ? – Mögliche Antworten . . . 28

Svetaketu – eine Erzählung aus den Upanishaden . . 40

Die Zeit der Trauer – Schwierigkeiten und Hilfen auf dem Weg 46

Die Gefühle 48

Die Gedanken 48

Warum? 50

Körperliche und seelische Reaktionen 50
Die Zeit 51
Weitere Hilfen 52
Das Verhältnis zu anderen. 52
Das Verhältnis zu den Kindern 54

Die Situation in der Familie – Eine belastende Zeit für alle 55
„Es schien mir unmöglich, ihnen zu sagen, daß ihr Papa gestorben sei“ 55
Was ist hilfreich in dieser schwierigen Zeit? 61

Wie erleben Kinder den Tod? – Neue Wege und Möglichkeiten miteinander finden 68
Eric und Senna 71
Die Vorstellungen vom Tod in verschiedenen Altersstufen 77
Die unterschiedlichen Reaktionen der Kinder auf den Tod verschiedener Personen 79
Über die Versuchung, den Tod als Druckmittel zu benutzen 81
Die dunklen und grausamen Bilder 83
Tod und Teufel – Himmel und Hölle 84
Die Frage nach dem Recht, sich selbst das Leben zu nehmen. 88
Jakob 91

Eltern und Kinder in der Begegnung – Achtung und Wertschätzung 93
Die vielen Fragen – Eine Geschichte, vielleicht auch zum Vorlesen. 95

Zweiter Teil:
Für Kinder, Jugendliche und Erwachsene

Einführende Gedanken zu dem Teil für Kinder 100
Für wen kann das Buch eine Hilfe sein? 100
Wie kann das vorliegende Buch benutzt werden? . . 102
Malen, anmalen, übermalen, bemalen, ausmalen . . 103

Gedanken zu den Bilder und Zeichnungen 105

Sterben als ein Teil des Lebens 105
Sterben, Tod, Beerdigung 106
Der Umgang mit den Gefühlen 107
Das Leben geht weiter 110

Was ist denn das – sterben? (Bilder und Zeichnungen) . 111
Sterben als ein Teil des Lebens 113
Sterben, Tod, Beerdigung 116
Was ist das denn eigentlich – sterben? 121
Der Umgang mit den Gefühlen 132
Das Leben geht weiter 149

Geschichten und Erzählungen 157
Die Boten des Todes 157
Und dann? 159
Der Tod 160
Geschichte aus dem Pali-Kanon 162
Ich hab zum Sterben kein Talent 163
Das Märchen vom Tod 165
Der Tod und sein Schüler 166

Verwendete Literatur 175

Danksagung

Gerade beim Danksagen wird uns deutlich bewußt, daß das innerlich Empfundene, die Dankbarkeit, viel größer und umfassender ist, als es uns möglich ist, in Worten auszudrücken.

So geht es uns auch im Gedanken an dieses Buch, an sein Entstehen und die vielen Menschen, die dazu beitrugen, daß es gelingen konnte. Uns wird bewußt, daß wir alle in Wahrheit Teile eines Ganzen sind, Teile einer Gemeinschaft, aus der heraus unsere gestaltenden Möglichkeiten wachsen.

Die ersten Anregungen zum Entstehen dieses Buches verdanken wir dem *Hospice of the Central Coast* in Monterey, Califonien (USA). Die Mitarbeiter und Mitarbeiterinnen haben sich in ihrer Arbeit immer wieder mit der Frage auseinandergesetzt: Wie und auf welchen Wegen können wir Kindern in der Begegnung mit Sterben und Tod hilfreich sein? Wie können wir sie in ihrem Schmerz um den Verlust eines Familienmitgliedes begleiten? Wir sind dankbar, daß wir von dort wichtige Impulse bekamen und aufgreifen konnten, was dort schon in Grundzügen erarbeitet worden war.

Ein tiefer und inniger Dank geht darüber hinaus an all die Menschen, die durch ihr vertrauensvolles Erzählen und Mitteilen von Erlebnissen und Gefühlen das Buch erweiterten und ihm Lebendigkeit gaben. Bedanken möchten wir uns bei Regina Dau für den Beitrag ihres persönlichen Erlebens.

Im besonderen danken wir Marlene Neuffer-Bässler und Beate Scharpf, die zusammen mit ihren Kindern nach dem Tod des Vaters schon an dem Bildteil arbeiteten und uns noch wichtige Verbesserungen mitteilen konnten.

Helga Dähne möchten wir für ihre sorgfältige und einfühlsame Korrektur der Texte danken.

Auch die beiden Verfasserinnen möchten einander Dank sagen für die Stunden und Tage des intensiven, vertrauensvoll offenen, manchmal ringenden, manchmal auch von Lachen erfüllten Arbeitens. Dieses gemeinsame Arbeiten schenkte auch uns die Möglichkeit inneren Wachstums und großer Lebendigkeit.

Danken möchten wir durch ein Zitat. Wir möchten damit auch all denjenigen Lebenden und Verstorbenen danken, die durch ihr Dasein und ihren einmaligen Beitrag ohne unser bewußtes Wissen Fülle und Reichtum an uns weitergaben.

Danken heißt:
Ich nehme es mit Freude,
und ich nehme es mit Liebe,
und das ist dann eine
hohe Würdigung des anderen.
(Bert Hellinger)

Stuttgart, Juni 1994

Daniela Tausch-Flammer
Lis Bickel

Erster Teil:

Für Eltern, Lehrer, Erzieher und begleitende Erwachsene

Gedanken zur Entstehung des Buches – Wünsche und Hoffnungen zum Geleit

Wie schwer fällt es uns im allgemeinen, uns mit dem Thema Sterben und Tod auseinanderzusetzen; und oft erleben wir dann, daß wir von einem solch zutiefst schmerzlichen Ereignis überrascht, eingeholt und überwältigt werden. Wir haben das Gefühl, gänzlich unvorbereitet zu sein. Noch stärker wird uns dieses Unvorbereitetsein bewußt werden, wenn wir den Schmerz, das Entsetzen, die Hilflosigkeit unserer Kinder beim endgültigen Verlust eines geliebten Menschen erleben.

„Ich war damals so etwa acht Jahre alt. In meiner Erinnerung sehe ich mich wieder: ein Kind in dem rückwärtigen Teil des Autos, vor mir links der Vater, der den Wagen steuert, daneben meine Mutter. Beide schweigen. Ich versuche ihre Gesichter von der Seite aus zu betrachten. Es gelingt mir nicht, ich nehme lediglich diese lastende und bedrückende Stille wahr. In mir selber Gefühle von Angst, Einsamkeit, Unsicherheit, Schmerz und Beengung. Es waren beim Einsteigen der Eltern nur wenige Worte gefallen: ‚Ja Kind, die Oma ist tot, es ist sehr traurig'.

Das Wort ‚sehr' hatte bedrohlich geklungen. Mir ist kalt, ich umschlinge meine Beine mit den Armen, um mich an mir selber zu wärmen. In meinem Kopf fällt immer wieder das Wort tot – tot – tot –, wie Regentropfen, die gleichmäßig aus einer Dachrinne tropfen. Nichts Rechtes will sich in mir mit diesem Wort verbinden, nur das Unheimliche bleibt, bis ich es nicht mehr aushalte und frage:

‚Wo ist sie denn jetzt, die Oma?' Meine Mutter dreht sich

halb zu mir zurück und sagt: ‚Ja, weißt du, im Himmel ist sie jetzt.' Dann folgt wieder dieses unerträgliche Schweigen.

Ich schaue durch die leicht beschlagene Fensterscheibe, versuche an den Häusern hinaufzuschauen, den Himmel zu sehen – der Himmel ist leer."

Immer wieder berichten uns Menschen, daß sie in ihrer Kindheit alleine gelassen wurden oder in einer eher verletzenden oder verunsichernden Weise ‚Hilfe' erfuhren, und daß dieser Mangel an Wärme, Verständnis, Fürsorge und echter Begegnung ihren Schmerz über den eigentlichen Verlust vervielfachte.

Diese immer wiederkehrenden Erfahrungen veranlaßten uns, an ein Buch zu denken, das sich diesem Thema offen stellt und Hilfen anbietet, den Gedanken um Tod und Sterben im Umgang mit unseren Kindern besser begegnen zu können und ihnen in einer aufrichtigen und echten Weise Begleiter in einer schwierigen Zeit zu sein.

Besonders der zweite Teil des Buches kann eine Möglichkeit sein, in einer freieren und spielerischen Art mit einem Kind ins Gespräch zu kommen, Fragen zu begegnen, Schmerzen zuzulassen und miteinander zu teilen. So kann dieses Buch in den Zeiten ein praktische Hilfe sein, in denen wir konkret herausgefordert werden, uns dem Thema des Todes zu stellen.

Einmal ist unser Anliegen also, auf bessere Weise helfen zu können; dann aber meinen wir auch, daß die Auseinandersetzung mit Sterben und Tod in einer nichtbelasteten Zeit eine günstige Voraussetzung wäre, um ein tragfähiges inneres Fundament zu bilden für eine spätere Zeit des Verlustes, die uns ohnehin bis an den Rand unserer eigenen Kräfte und Möglichkeiten bringen wird.

Unsere Hoffnung geht dahin, daß wir, wenn es uns möglich wird, mit Kindern in einer geborgenen und verständnisvollen

Weise den Tod zu erleben, das Wissen um die Endlichkeit nicht aus unserem Leben verbannen müssen. Wenn wir offen über Sterben und Tod, über unsere Vorstellungen, über unsere Ängste und unsere Verzweiflung sprechen würden, wenn wir unsere Tränen, unser Nicht-verstehen-Können miteinander teilen würden, könnten wir zu einer ‚Kultur' des Sterbens und des Todes finden und damit auch zu einem anderen Umgang, einer anderen Kultur des Miteinander-Lebens. Der Gedanke, daß es einmal junge Menschen geben könnte, für die Sterben und Tod Teil ihres Wissens um die Wirklichkeit des Lebens wäre, erscheint uns als eine Chance, die viele veränderte Perspektiven mit sich bringen würde.

Letztlich könnte durch ein Sich-Einlassen auf diese Themen die Wertschätzung gegenüber dem Leben und die Achtung vor allem Lebendigen vertieft werden. Verändert würde auch unsere manchmal leichtfertige Einstellung zum Töten, dem wir täglich am Bildschirm und in der Presse begegnen.

Wir lehren unsere Kinder Rechnen und Schreiben und üben sie früh im Umgang mit den Regeln des gesellschaftlichen Lebens. Eine Hinführung zu den wirklich wesentlichen Themen, denen wir als Heranwachsende begegnen, unterbleibt meist.

Wir wären auf tiefe Weise erfüllt und dankbar, wenn diese Anliegen verwirklicht würden und Menschen sich ermutigt fühlten, sich gemeinsam mit ihren Kindern auf dieses größte ‚Abenteuer des Lebens' einzulassen.

An wen wendet sich das Buch – Was kann es Kindern und Jugendlichen geben?

Das vorliegende Buch möchte als Hilfe, als Mittler, vielleicht auch als Katalysator verstanden werden. Es möchte helfen und anregen, miteinander ins Gespräch zu kommen, die eigenen Erfahrungen und Gefühle auszutauschen oder ihnen nachzugehen.

An wen wendet sich das Buch?

Mit den ersten beiden Kapiteln möchten wir besonders Erwachsene ansprechen, die nicht von dem Tod eines Familienmitgliedes unmittelbar betroffen sind. Vielleicht haben Sie sich das Buch gekauft, weil Sie sich im Gespräch mit den Kindern über den Tod hilflos fühlen. Gerade die so konkreten Fragen der Kinder zeigen deutlich, wo wir selbst in der Auseinandersetzung mit dem Thema stehen. Diese Kapitel möchten Sie ermutigen, Ihren eigenen Erfahrungen, die Sie mit Sterben und Tod gemacht haben, zu begegnen. Wenn wir als Erwachsene uns den eigenen Fragen und Erinnerungen öffnen und lernen, mit anderen darüber zu sprechen, dann sind wir nicht mehr in unseren bedrängenden Ängsten gefangen und können freier mit den Kindern sprechen.

Sterben und Tod konfrontiert uns mit unserer Endlichkeit, mit Fragen nach dem Sinn des Lebens und Fragen über das Leben nach dem Tod.

Das Kapitel ‚*Ein Leben nach dem Tod – Mögliche Antworten auf Fragen*‘ enthält Anregungen zum Weiterdenken und Impulse für die eigene Suche nach Antworten.

‚Die Zeit der Trauer – Schwierigkeiten und Hilfen auf dem Weg‘ und *‚Die Situation in der Familie – Eine belastende Zeit für alle‘*: Diese beiden Kapitel möchten Betroffenen Hilfe in der Zeit der eigenen Trauer und Anregungen zur Begleitung der Kinder in dieser schweren Zeit geben.

Das Kapitel *‚Wie erleben Kinder den Tod? – Neue Wege und Möglichkeiten miteinander finden‘* gibt Ihnen einen Einblick, wie Kinder den Tod in den verschiedenen Altersstufen wahrnehmen, eröffnet die Begegnung mit den dunklen und grausamen Bildern, mit den kindlichen Vorstellungen von ‚Himmel‘ und ‚Hölle‘.

‚Eltern und Kinder in der Begegnung – Die Haltung der Achtung und Wertschätzung‘ vermittelt hilfreiche Gedanken für den Dialog mit dem Kind und dem Jugendlichen.

Der zweite Teil des Buches ist der Teil, der für das Kind gedacht ist. Das Kapitel *‚Einführende Gedanken zu dem Teil für Kinder‘* gibt Ihnen Anregungen für das ‚Durcharbeiten‘ dieses Buchteiles mit dem Kind. Der Zeichen- und Malteil wendet sich an Kinder im Alter von fünf bis elf Jahren. Jüngere Kinder nehmen den Tod noch nicht als endgültig wahr, Tote bleiben für sie in irgendeiner Form lebendig.

Gedacht ist das Buch in erster Linie für Kinder, die einen Angehörigen oder Freund verloren haben. Das Kind sollte aber auf keinen Fall überredet und gezwungen werden, sich mit dem Thema in dieser Form auseinanderzusetzen. Vielleicht entspricht ihm die Art nicht, vielleicht ist es aber gerade auch nicht der richtige Zeitpunkt. Das Kind hat seinen eigenen Zeitrhythmus, mit dem Verlust umzugehen, manchmal auch erst Jahre später.

Aber auch für Kinder und Jugendliche, die noch keine persönliche Erfahrung mit dem Tod gemacht haben, kann dieser Teil des Buches eine gute Hilfe sein, um über Sterben und Tod ins Gespräch zu kommen.

Wir können uns auch vorstellen, daß es möglich wäre, mit einer Gruppe von Kindern an diesem Buch zu arbeiten. Die Anzahl der Kinder sollte aber nur so groß sein, daß jedes einzelne sich angenommen fühlen kann und sicher ist, daß ihm genügend Zeit und Zuwendung gegeben werden kann.

Im Anschluß an den Zeichen- und Malteil finden sich Geschichten für Jugendliche, die sie entweder alleine lesen können oder über die man miteinander sprechen kann.

Was kann das Buch Kindern und Jugendlichen geben?

– Sie lernen den Tod als einen Teil des Lebens zu begreifen und anzunehmen.
– Sie bleiben in ihren Gefühlen um den Verlust nicht alleine. Durch Gespräche und Verständnis lösen sich die Gefühle der Angst, der Wut, der Traurigkeit. Die Kinder werden etwas aus ihrer Einsamkeit erlöst.
– Sie können erfahren, daß das Ausdrücken belastender Gefühle in einer Atmosphäre des Vertrauens und der Annahme zu einem Nachlassen der inneren Spannungen führt, und daß sich diese Gefühle dann auch wieder verändern.
– Sie lernen über den Verstorbenen zu sprechen.
– Durch die Fragen und Bilder erfahren sie, daß auch andere Kinder den Tod erleben. Sie fühlen sich dann nicht mehr so ausgeschlossen, nicht so anders als andere.
– Sie bekommen eine angstfreiere, positivere Einstellung zum Tod.
– Sie können lernen, daß es Wege gibt, auch mit Problemen spielerisch umzugehen.

Die eigene Auseinandersetzung mit Sterben und Tod – Eine Voraussetzung, mit Kindern offen über den Tod zu sprechen

Vielleicht haben Sie dieses Buch nicht gekauft, weil Sie selbst oder jemand aus ihrem Freundeskreis einen nahen Menschen verloren haben, sondern weil Sie unsicher sind, wie Sie denn mit Ihren Kindern über den Tod sprechen sollen. Vielleicht stellen Ihre Kinder Ihnen gerade jetzt viele Fragen, die mit dem Tod zusammenhängen, wie zum Beispiel:

- Wie ist das denn, wenn man tot ist?
- Wieso stirbt man denn eigentlich? Das ist doch blöd.
- Ich weiß, daß ich schon einmal gelebt habe. Ich war nämlich schon mal Ritter.

Oder wie der dreijährige Benedict: Er versteckte sich oft lautlos hinter dem Sofa in einer Ecke oder aber legte sich bewegungslos mit geschlossenen Augen auf den Teppich. Wenn die Erwachsenen nicht gleich reagierten, forderte er sie auf, sich zu erschrecken und aufgeregt zu sein, weil er doch tot sei. Und immer wieder stellte sich Benedict vor die Fotografien der kleinen Ahnengalerie der Oma und wollte wissen, wer das sei und wie sie gestorben seien. Vor dem Bild des Großvaters stehend, fragte er: „Und der Bart, Oma, ist der mitgestorben – was ist jetzt mit dem Bart?"

Wie sprechen wir mit Kindern über den Tod?

Häufig sind wir selbst hilflos und verunsichert, weil wir nicht gelernt haben, über Sterben und Tod zu reden. Oft sind wir sogar viel befangener und gehemmter als unsere Kinder.

Gerade für jüngere Kinder ist der Tod noch etwas viel Natürlicheres – möglicherweise, weil sie eingebundener in das Geschehen der Natur sind, vielleicht aber auch, weil sie die Endgültigkeit und Größe des Geschehens noch nicht erfassen können.

Uns aber fällt das Sprechen meistens schwer – wir haben wahrscheinlich als Kind von unseren Eltern keine Antworten auf unsere Fragen bekommen, haben gespürt, daß die Erwachsenen mit Unsicherheit oder Unverständnis reagierten, durften Fragen nach dem Tod vielleicht nicht stellen und haben uns dann mit diesen unbeantworteten Fragen zurückgezogen.

So erging es auch Gertrud. Sie war Einzelkind und hatte eine sehr enge Beziehung zu ihrem Vater. Der Vater glaubte mit Stolz und Bewunderung an seine Tochter. Als Gertrud dreizehn Jahre alt war, starb ihr Vater sehr plötzlich. Noch am selben Abend verließ ihre Mutter mit ihr zusammen die Wohnung und reiste zu Verwandten an die Mosel. Dort blieben sie. Für Gertrud brach eine ganze Welt zusammen – sie verstand gar nichts mehr. Von ihrer Mutter hörte sie immer nur: „Kinder erleben doch so was gar nicht so." – „Es ist nicht so schlimm, den Vater zu verlieren – viel schlimmer ist es, den Mann zu verlieren."

Aber das Nicht-verstehen-Können beängstigte und verwirrte Gertrud sehr. Sie blieb mit ihren Gefühlen alleine. Niemand war da, der sie in den Arm nahm.

Erst später, 20 Jahre nach dem Tod des Vaters, konnte sie langsam den Schmerz und den Verlust zulassen, und konnte auch durch den Schmerz überschattete Kinderträume wiederentdecken.

Oder Bernd erzählt: „Es war ein Morgen wie viele andere auch. Ich war damals elf Jahre alt und wir wohnten in einem Dorf auf dem Land. Ich brach zur Schule auf und meine Mutter machte sich auch auf den Weg zu einer Bekannten im benachbarten Dorf. Auf einer Brücke wurde sie von einem Wagen erfaßt und stürzte. Man brachte sie nach Hause und bettete sie auf das Sofa. Am Nachmittag machte ich Schularbeiten in meinem Zimmer. Hin und wieder fragte ich etwas hinüber ins Wohnzimmer zu meiner Mutter, die dort lag. Irgendwann wurde es mir unheimlich, weil die Mutter schon ein paar Mal nicht geantwortet hatte. Ich rannte voller Entsetzen und Angst hinüber zu unserer Nachbarin, und kurze Zeit später wurde die Mutter von einem Sanitätsauto abgeholt.

Am Abend sagte man mir dann, daß sie gestorben sei. Und dann wurde nie mehr darüber mit mir gesprochen. Ich habe niemals über den Tod weinen können, irgendwie war mir das alles so unwirklich, und ich habe das Gefühl, ich habe wohl nie Abschied genommen und angenommen, daß meine Mutter wirklich tot ist."

Während des Sprechens beginnen Bernd langsam die Tränen über die Wangen zu laufen. „Endlich, endlich kann ich weinen und den Schmerz zulassen."

So haben wir vielleicht als Kind selbst kein Verständnis bei dem Verlust eines nahen Menschen oder auch Tieres erfahren. Vielleicht war für den damals fünfjährigen Jungen der Tod der Großmutter, die eigentlich viel mehr Mutter war, so schmerzlich, daß er innerlich verstummte. Die Erwachsenen deuteten dieses Verstummen dann: ‚Für den Jungen ist das gar nicht schlimm. Er versteht es ja noch gar nicht – geweint er hat ja auch nicht einmal!' Keiner spürte jedoch den Schmerz und die Einsamkeit hinter dem Schweigen, und so blieb er allein mit seinen Gefühlen der Verzweiflung und des Verlassenseins, und so nahm er sein Vertrauen und seine Liebesfähigkeit zurück – wagte es nie mehr, sich ganz jemanden anzuvertrauen.

Oder es geschah beim Verlust des geliebten Hamsters: Wir wollten ihn eigentlich beerdigen, Abschied nehmen – aber die Mutter hatte den Hamster schon in den Abfall getan und dachte daran, schnell wieder einen neuen kaufen. Wir hatten keine Zeit, keine Möglichkeit, über unseren Hamster, dem wir alle Ängste sagten und alle unsere Kindersorgen anvertrauen konnten, zu trauern. Wir durften nicht weinen und klagen, weil ja schon wieder ein neuer Hamster da war. Daß dieser aber eben nicht *unser* Hamster war, das verstanden die Erwachsenen nicht.

So, wie Henriette zum Beispiel berichtet: *„Bei meiner ersten Begegnung mit dem Tod, da muss ich wohl so sechs Jahre alt gewesen sein. Es war ein längerer Kampf zwischen mir und meiner Mutter. Ich hatte einen Teddybären, den ich sehr liebte. Meine Mutter fand, daß er alt und unansehnlich sei. Eines Tages, als ich aus der Schule kam, hatte meine Mutter meinen Teddy im Ofen verbrannt. Ich bekam dann einen neuen, aber den mochte ich nicht."*

Wir alle haben unsere Erfahrungen als Kinder mit Sterben und Tod gemacht und sind möglicherweise oft nicht verstanden worden. Bei unseren eigenen Kindern nun möchten wir es anders machen. Nur wie? Wie die richtigen Worte finden, wo wir doch selbst so unsicher und manchmal in unseren eigenen Ängsten gefangen sind?

Ein grundlegender Weg ist daher, daß wir uns zunächst mit unseren eigenen Erfahrungen und Gefühlen auseinandersetzen. Denn nur, wenn wir unseren Gefühlen und vergangenen Erfahrungen begegnet sind, können sie sich wandeln und wir können dann freier über das Thema mit unseren Kindern reden. Als Hilfe dazu möchten wir Ihnen mit den nachfolgenden Fragen Impulse zur Auseinandersetzung geben. Vielleicht sprechen Sie auch mit Freunden oder Verwandten über diese Fragen und hören andere Meinungen und Erfahrungen. Vielleicht haben Sie jetzt Scheu: ‚Nein, das kann ich doch nicht machen, andere mit diesem schwierigen Thema zu überfallen' – aber wenn Sie es wagen, können Sie erfahren, wie sehr diese Inhalte auch andere Menschen beschäftigen, wie sehr sie uns in unserem Innersten bewegen und wie wir uns im Gespräch tief begegnen können.

Sie können die Fragen auch für sich schriftlich beantworten. Wenn wir etwas niederschreiben, kann uns häufig vieles klarer werden – wir bekommen mehr Distanz zu unseren Gedanken. Das hilft uns, uns selbst zu verstehen, und so können sich manche Vorstellungen in uns wandeln.

Fragen zur inneren Auseinandersetzung

1. Welche Erfahrungen haben Sie mit dem Sterben und dem Tod schon gemacht? Wann war die erste Erfahrung – und wie war sie?

2. Haben Sie schon einmal über Ihren eigenen möglichen Tod nachgedacht? Welche Einstellung haben Sie zu Ihrem eigenen Tod? (Haben Sie Angst oder Sehnsucht, oder versuchen Sie möglichst nicht daran zu denken?)

3. Wie möchten Sie alt werden? Und: Wie alt möchten Sie werden?

4. Wenn Sie wählen könnten, würden Sie sich einen plötzlichen Tod oder ein längeres Sterben wünschen?

5. Wenn Sie eine tödliche Krankheit hätten, möchten Sie, daß es Ihnen jemand sagte?

6. Was würden Sie tun, wenn Ihnen mitgeteilt wird, daß Sie nur noch einige Wochen oder Monate zu leben haben?

7. Was wünschen Sie sich für Ihr eigenes Sterben?
Möchten Sie dabei allein sein oder von Menschen begleitet?
Wo möchten Sie sterben?

8. Haben Sie sich schon Vorstellungen über Ihre Beerdigung gemacht?
Welche Wünsche haben Sie hierfür? Haben Sie ein Testament gemacht?

9. Beeinflußt Ihr Glaube/Nichtglaube Ihre Gefühle zum Tod?

Keine Angst zu haben vor Sterben und Tod setzt tiefes Vertrauen und ein starkes Gefühl der Geborgenheit voraus. Manchen, wohl nur sehr wenigen Menschen, mag es geschenkt sein, sich auf solche Weise geborgen zu fühlen, daß ihnen die Vorstellung, das Leben – diese gewohnte Daseinsform – zu verlassen, keine Furcht bereitet.

Normalerweise ängstigen Menschen sich jedoch schon bei kleineren Veränderungen und Wagnissen. Immer und immer wieder beschäftigen uns schon im alltäglichen Leben die Fragen:

‚Wie wird das und das sein?'
‚Werde ich gemocht werden?'
‚Was wird auf mich zukommen?'
‚Werde ich das Neue schaffen?'
‚Was werde ich in der und der unbekannten Situation erfahren?'

Ähnliche Fragen stehen noch viel krasser im Angesicht des Todes vor uns. Wir wissen, daß alte, vertraute und scheinbar verläßliche Vorstellungen und Gewohnheiten mit dem Sterben und Tod an ihr Ende kommen. Was wird dann sein?

Der Tod ist wohl die größte Herausforderung an unser ganzes Sein und Empfinden. In der Betreuung und Begleitung von Menschen, die sich dem Sterben nähern, haben wir gelernt, daß die Angst vor dem Sterben eine andere ist als die Angst vor dem Tod. Bei den meisten steht mehr die Angst vor dem Sterben im Vordergrund, bei anderen aber auch die Angst vor dem eigentlichen Tod.

Die Angst vor dem Sterben

Viele Menschen haben Furcht vor Schmerzen und Bedrängnissen, die mit dem Prozeß des Sterbens verbunden sein können. Da ist die Sorge:

‚Werde ich qualvolle Schmerzen haben?'

‚Wer wird bei mir sein – oder werde ich alleine sterben müssen?'

‚Werde ich ersticken?'

Andere Ängste und Sorgen sind auch weniger greifbar und klar umrissen. So sagte uns eine Frau, die sich mit ihrer Krebserkrankung und ihrem möglichen Tod auseinandersetzte: *„Ich weiß einfach, es wird furchtbar werden. Niemand wird da sein. Ich rufe um Hilfe und niemand kommt. Ich weiß dann gar nicht mehr ein noch aus. Wie soll ich das nur überstehen?“*

Die Erfahrung zeigt uns, daß je diffuser, unklarer und vager unsere Ängste, umso bedrohlicher sind sie für uns. Für viele Menschen ist es hilfreich, ihre Ängste genauer zu betrachten und sie anderen Menschen mitzuteilen.

Vielleicht ist es auch Ihnen eine Hilfe, Ihre verschiedenen Ängste zu formulieren, zu verdeutlichen und aufzuschreiben.

- Welches ist meine größte Angst im Angesicht meines Sterbens?
- Was sind meine weiteren Ängste und Sorgen, wenn ich an mein Sterben denke?

Auch folgende Überlegungen können klärend und hilfreich sein:

- Was könnte ich tun, damit meine schlimmsten Befürchtungen nicht eintreten?
- Welche Vorsorge könnte ich treffen?

Wir möchten nun an dieser Stelle einige Hinweise geben, durch die sich vielleicht einige Sorgen und Ängste vermindern lassen:

– Sie können schon heute Ihre Wünsche für Ihr Sterben aufschreiben und mit einigen für Sie wichtigen Menschen besprechen. Dies ist für Sie und auch die anderen vielleicht schmerzlich, kann aber auch sehr wichtig sein. Ihnen gibt es Vertrauen, daß Ihre Wünsche berücksichtigt werden, und für andere kann es eine Hilfe sein, zu wissen, was Sie möchten.
– Sie können nahestehenden Menschen gegenüber die Bitte aussprechen, daß Sie sich wünschen würden, von ihnen im Sterben begleitet zu werden – oder auch die Bitte, im Sterben alleine zu sein.
– Sie können ein sogenanntes ‚Patiententestament' oder eine Patientenverfügung ausfüllen. In dieser Verfügung können Sie festlegen, daß Sie im Falle einer lebensbedrohlichen Situation oder Erkrankung keine lebensverlängernden Maßnahmen um jeden Preis wünschen. Ihre Angehörigen können dann Ihren Wunsch den Ärzten gegenüber besser vertreten und sich für Sie einsetzen (Adressen für Patiententestamente finden Sie auf den S. 176).

Die Angst vor dem Tod

Auch in der Auseinandersetzung mit den Ängsten, die den eigenen Tod betreffen, mag es hilfreich sein, gewisse Klärungen für sich selber zu finden. Wichtige Fragen können sein:

Habe ich eine Vorstellung, ein Gefühl oder eine konkrete Hoffnung, was mit mir im Tode sein wird?

Welches ist meine größte Befürchtung, wenn ich an den Tod denke?

Welche Möglichkeiten gibt es für mich, mich mehr mit diesem Thema und den damit verbundenen Fragen und Ängsten auseinanderzusetzen?

Aus unserer Perspektive gibt es verschiedene Wege, sich der Tatsache des Todes immer tiefer verstehend anzunähern und damit den Tod, unsere irdische Endlichkeit, in das Leben hineinzunehmen.

Es gibt Wege der Annäherung, die uns zeigen, unser Leben immer mehr als ein endliches zu leben und die es uns ermöglichen, gerade aus diesem Wissen heraus eine reife und tiefe Beziehung zum Leben zu finden. So beschreibt es Hermann Hesse in einem Gedicht:

Stufen
Wie jede Blüte welkt und jede Jugend
Dem Alter weicht, blüht jede Lebensstufe,
Blüht jede Weisheit auch und jede Tugend
Zu ihrer Zeit und darf nicht ewig dauern.
Es muß das Herz bei jedem Lebensrufe
Bereit zum Abschied sein und Neubeginne,
Um sich in Tapferkeit und ohne Trauern
In andere, neue Bindungen zu geben.
Und jedem Anfang wohnt ein Zauber inne,
Der uns beschützt und der uns hilft zu leben.

Wir sollen heiter Raum um Raum durchschreiten,
An keinem wie an einer Heimat hängen,
Der Weltgeist will nicht fesseln uns und engen,
Er will uns Stuf' um Stufe heben, weiten.
Kaum sind wir heimisch einem Lebenskreise
Und traulich eingewohnt, so droht Erschlaffen,
Nur wer bereit zu Aufbruch ist und Reise,
Mag lähmender Gewöhnung sich entraffen.
Es wird vielleicht auch noch die Todesstunde
Uns neuen Räumen jung entgegensenden,
Des Lebens Ruf an uns wird niemals enden ...
Wohlan denn, Herz, nimm Abschied und gesunde!

Mit den vorausgehenden Gedanken möchten wir nicht das Gefühl vermitteln, daß mit diesen ‚Vorbereitungen' die Angst vor dem Tode endgültig genommen werden könnte.

Die Erfahrung zeigt, daß Menschen, die ein reiches und erfülltes Leben gelebt haben, meist leichter ‚Ja' zu ihrem möglichen Tod sagen können.

Bei anderen Menschen ist manchmal zu erleben, daß die Einstellung dem Leben gegenüber, sein mögliches Ende nicht wahrhaben zu wollen, die Zeit des Sterbens besonders erschwert. Da tauchen noch viele Wünsche und nie gelebte Träume auf. Es entsteht das Gefühl: ‚Ich habe doch noch gar nicht richtig gelebt'. Luise Rinser drückt dies so aus:

„Sofern es eine Möglichkeit gibt, nach dem Sterben eine Lebensschuld abzutragen, werde ich sie abtragen. Meine Lebensschuld ist es, den Entscheidungen aus dem Wege gegangen zu sein. Ich frage mich jetzt, ob es Feigheit war ... Wie schwer ist es zu sterben, wenn man nicht gelebt hat. Leb wohl, leb wohl."

Wir werden zu verschiedenen Zeiten der Tatsache unseres Todes mit unterschiedlichen Gefühlen gegenüberstehen. Es kann uns möglich sein, anhand dieser unterschiedlichen Empfindungen unser gegenwärtiges Leben gleichsam wie in einem Spiegel zu betrachten und aus diesem Spiegelbild zu erkennen, wie unser augenblickliches Verhältnis zu unserem Leben ist. Leben wir es so, daß wir bereit wären, Abschied zu nehmen, wenn wir es müßten? Oder haben wir noch Ungeklärtes zu regeln, vielleicht jemanden um Verzeihung zu bitten oder jemandem unsere Zuneigung zu zeigen? Oder verstricken wir uns zu sehr in Schwierigkeiten, in Probleme oder in die Kleinigkeiten des Alltags, so daß wir gar nicht mehr offen sind für die Schönheit und die Wunder des Lebens?

Eine junge Frau machte folgende Erfahrung: *„Als ich anfing, dieses mein Leben als endlich anzuerkennen, bekam ich mit einem Mal ein ganz neues Verhältnis dazu. Ein Gefühl für die Kostbarkeit meines Lebens, jeglichen Lebens überhaupt. Ich sehe das Leben jetzt als ein Geschenk an. Ich lebe bewußter."*

Ein Leben nach dem Tod? – Mögliche Antworten

Und Trost ist nicht da, da du mein Trost gewesen,
und Rat ist nicht da, da du mein Rat gewesen,
und Liebe nicht, da ich um deinetwillen die Welt geliebt.
(Marie-Luise Kaschnitz, *Was willst du, du lebst.*)

Indem wir uns einlassen auf die innere Begegnung mit Sterben und Tod, erleben wir eine Erschütterung, die uns an die tiefsten und wesentlichsten Fragen des Lebens und Daseins führt. Der Verlust eines nahen Menschen oder auch Einsicht in die Verletzlichkeit des eigenen Lebens und Konfrontation mit seiner Endlichkeit rufen die großen Sinnfragen in uns wach:

- Was ist der Sinn des Lebens?
- Habe ich mein Leben sinnvoll gelebt?
- Warum gibt es den Tod?
- Ist die Schöpfung gerecht?
- Gibt es einen Gott, der das zuläßt?
- Ist mit diesem Leben alles vorbei?
- Kann das der Sinn sein, daß wir uns liebten und nun für alle Ewigkeit getrennt sind?
- Gibt es irgendwelches Wissen über das Leben hinaus?
- Was glaube ich denn eigentlich?

Viele ähnliche Fragen können in uns aufsteigen und uns bedrängen. Können wir sie nicht klären, so entsteht bisweilen das Gefühl, daß unser Leben sinnlos ist. Auf der Suche nach einer Klärung erhalten wir oft Antworten von anderen Menschen, Antworten, die für sie hilfreich sind. Aber wir erfahren, daß wir sie für uns meist nicht annehmen können.

Sie stürzen uns vielleicht sogar tiefer in die Verzweiflung oder Einsamkeit. Davon berichtet eine Frau: „*Nach dem Tod meines Mannes sagte eine Freundin zu mir: ‚Ach, weißt du, du mußt einfach glauben, daß ihr euch wiedersehen werdet.' In mir stieg große Wut auf, denn genau das vermochte ich ja eben nicht.“*

Gerade in solchen manchmal recht unbedachten oder lieblosen Äußerungen erfahren wir Schmerz und Fremdheit.

Möglicherweise ist es so, daß Antworten auf diese wichtigsten Fragen gar nicht gegeben werden können; daß die Fragen selber aber der Anfang eines inneren Weges sein können, indem sie uns veranlassen, uns auf die Suche zu machen. Vielleicht wird es einmal möglich, daß Lösungen für uns erfahrbar werden.

Manche Menschen sind trotz schwerer Verluste und Leiderfahrungen fraglos im Glauben geborgen und getragen. Aber in vielen tauchen Zweifel und Unsicherheiten auf, sie ringen um ihren Glauben.

Marie-Luise Kaschnitz drückt in *Was willst du, du lebst* ihr Fragen und Suchen in einem Gedichtanfang aus:

‚Ein Leben nach dem Tode
Glauben Sie, fragte man mich,
an ein Leben nach dem Tode?
Und ich antwortete: ja.
Aber dann wußte ich
Keine Auskunft zu geben
Wie das aussehen sollte
Wie ich selber
Aussehen sollte
Dort ...‘

Wir möchten Ihnen Anregungen zum Weiterdenken und Suchen geben, indem wir Sie mit den Vorstellungen unterschiedlicher Glaubensrichtungen und Religionen und verschiedenen Formen des Denkens bekanntmachen. Die folgenden Darstellungen bilden einen kleinen Ausschnitt aus der großen Fülle, die dieses Thema umfaßt. Vielleicht finden Sie in ihnen Impulse, sich darüber hinaus durch das Lesen von Büchern, das Anhören von Vorträgen oder in Gesprächen mit vertrauten Menschen damit auseinanderzusetzen.

Die wesentliche Frage, die wir uns beim Tod eines geliebten Menschen stellen, ist: ‚Werde ich, oder wird der andere mir nahe verbundene Mensch in irgendeiner Form über das irdische Leben hinaus existieren?' Es ist die Frage nach der Unsterblichkeit des Menschen. Die Frage nach einem wesentlichen und unzerstörbaren Kern, den manche als die ‚Seele', andere als den ‚Geist' bezeichnen.

Hin und wieder begegnen wir Menschen, die von sich sagen, es sei für sie nicht wichtig, ob sie nach dem Tod in irgendeiner Form weiterexistieren. Für manche von ihnen *bedeutet der Tod das Ende*, für andere ist dieses Problem unbedeutend. Für sie stellt sich also diese Frage nach der Unsterblichkeit oder die einer Vorstellung des Nachtodlichen nicht.

Ein Krebspatient erzählt uns: *„Ich kann mir nicht vorstellen, daß es ein Leben nach dem Tod geben könnte. Ich bin Wissenschaftler und glaube nur an das, was wirklich beweisbar ist. Aber das ist für mich auch in Ordnung so, ich habe deshalb, glaube ich, nicht mehr Angst vor dem Sterben als andere."*

> *Dsi Lu fragte den Meister:*
> *„Darf ich wagen, nach dem Wesen des Todes zu fragen?"*
> *Der Meister sprach: „Wenn man noch nicht das Leben kennt, wie sollte man den Tod kennen?"*
>
> (Kungfutse, *Gespräche. Lun Yü.*)

Dann wieder gibt es Menschen, die nach *eindeutigen Beweisen für die Unsterblichkeit* suchen. Gerade heute in unserer wissenschaftsbetonten Zeit haben viele das Bedürfnis nach Beweisen für eine Art Weiterleben. Die große Anzahl von Berichten und Aufzeichnungen von Nahtoderlebnissen können ihnen sehr häufig die Überzeugung eines Lebens nach dem Tode geben.

In Untersuchungen (M. Sabom, *Erinnerungen an den Tod*, München 1986) ergab sich: Patienten, die den Operationsunterlagen zufolge klinisch tot waren (Herzstillstand, kein Bewußtsein, keine Reflexe, keine Atmung feststellbar), hatten Sterbeerlebnisse gehabt. Sie hatten das reale Gefühl, gestorben und losgelöst vom Körper zu sein, klare Empfindungen von tiefem Frieden, von Ruhe und Harmonie. Sie sahen ein Licht von großer Schönheit. Sie empfanden ein Gefühl der Zeit- und Schwerelosigkeit sowie der Schmerzfreiheit. Diese Sterbeerlebnisse waren unabhängig von Alter, Religion, Kirchenbesuch oder Bildungsstand der Patienten. Forscher sehen in diesen Befunden Hinweise für das, was an der Schwelle des Todes und vermutlich auch beim endgültigen Tod geschieht.

Für andere bleibt der Gedanke an die Unsterblichkeit eine *Frage des Hoffens und Glaubens*, vielleicht sogar einer festen Glaubensgewißheit, die für sie die Kraft eines ‚Wissens' hat. Manche erfahren diese Gewißheit durch das Erleben des Todes eines nahen Menschen. Sie haben ‚das Gefühl, daß der, der gestorben ist, in irgendeiner Form existent bleibt'. Da hören wir manchmal Aussagen wie:

- „Ich hab das ganz sichere Gefühl, daß er da ist und mir hilft."
- „Ich fühle einfach, daß es ihr jetzt gut geht."
- „Ich hätte das nie gedacht, aber ich bin nun sicher, daß wir uns wiedersehen werden."

Manche Menschen erzählen auch von *Träumen oder inneren Erfahrungen*, die sie einige Zeit vor dem Sterben gehabt haben. Träume, die ihnen Trost und Gewißheit brachten, daß da etwas für sie weiterbestehen wird, wenn sie tot sein werden. So träumt eine junge, an Krebs erkrankte Frau ein Vierteljahr vor ihrem Tod:

„Ich bin zu Hause in meinem Heimatdorf und sehe unser Haus. Ich sehe alle Einzelheiten ganz deutlich, die Geranien am Fenster, den Weg über den Hof und das Gartentörchen. Meine Mutter tritt aus dem Haus und geht den Weg entlang zum Tor; die Straße entlang kommt eine Nachbarin und ich wundere mich, daß sie ‚schwarz' trägt.

Sie bleibt am Tor bei meiner Mutter stehen und sagt: ‚Ja, daß es so schnell hat gehen müssen mit der Anneliese, das hätte ja niemand gedacht; nun hat sie's geschafft.'

Ich höre das alles ganz unberührt, als sprächen sie von jemandem anderem."

Nicht nur in Träumen, sondern auch in tiefer Entspannung und Versenkung erleben Menschen aus ihren sonst verborgenen seelischen Tiefen heraus Vorstellungen und Bilder, die für sie ganz persönlich tröstlich und stimmig sind. Einige Bilder und Überzeugungen, die Menschen in der Auseinandersetzung mit ihrem eigenen Sterben und Tod erlebten, sind folgende:

„Es war mir, als würde ich im Moment des Sterbens ganz klein zusammengepreßt, irgendwie blieb nur das Wesentliche von mir übrig, aber ich hatte das Gefühl, daß ich mich selber nie in der großen Schöpfung verlieren würde, sondern daß ich ein Teil von ihr war. Das gab mir das Gefühl von großer Ruhe."

„Im Augenblick meines Todes fand ich mich umgeben von einer alles durchdringenden Ruhe, von Gelassenheit, von völligem Frieden in mir und meiner Umgebung. Ich verspürte nicht das geringste Anzeichen von Angst. Ich war bereit zu gehen, ich ließ meinen Körper los. So verließ meine Seele den Körper in einer Atmosphäre tiefen Friedens. Und sobald ich den Körper hinter mir gelassen hatte, fühlte ich mich umgeben und durchdrungen von einem unbeschreiblichen Glanz, von einem unbeschreiblichen intensiven und

warmen Licht. Alles um mich erstrahlte in diesem Licht. Und ich fühlte mich total umhüllt von Liebe, Wärme und Geborgenheit. Alles war so wunderbar, diese Liebe, dieses Licht. Und ich fand mich wieder bei jenen Menschen, welche mir am nächsten gestanden und mir im Tod vorausgegangen waren. Ich wurde von ihnen erwartet.“

(A. Tausch/R. Tausch, *Sanftes Sterben*)

„Als ich die Beziehung zu meinem Körper verlor, hatte ich das Gefühl, daß mir da ein Wesen gegenüberstand und mich empfing, da dachte ich im gleichen Augenblick: das ist sicher Jesus.“

„Als ich in meiner Vorstellung gestorben war, hatte ich das Gefühl, gar nicht alleine zu sein, es waren da Menschen um mich, die ich alle kannte.“

Ein anderer tragfähiger und wichtiger Ansatz zu einer Unsterblichkeitstheorie ist der folgende Gedanke: Allein schon unser *Verlangen nach Unsterblichkeit* ist ein *Beweis seiner Möglichkeit.*

Der Vergleich mit den Geschehnissen in der Natur ist für manche Menschen eine Möglichkeit, an eine Form des Weiterlebens zu glauben. In der Natur erleben wir, daß jedem Vergehen im Winter ein Neuerstehen im Frühling folgt. So sagt ein unheilbar an Krebs erkrankter Mann:

„Wenn ich die Natur beobachte, bekomme ich ein großes Vertrauen in die Schöpfungskraft. Zum Beispiel war es für mich jetzt wichtig, im Garten zu sehen, was da alles aus dem Boden kommt, was da so wächst und aufgeht und blüht, und auch untergeht, abfällt, scheinbar stirbt. Und im Frühjahr ist es dann wieder voller Leben und Kraft. Wenn ich in der Natur bin, fühle ich mich als ein Teil der Natur und spüre Vertrauen, daß es mit uns Menschen auch so geht, daß aus allem Vergehen auch wieder was Neues wachsen wird. Das erfahre ich dann ja auch im alltäglichen Leben: Immer wieder stirbt etwas im Kleinen und es kommt dann

wieder etwas Neues – so wird es dann wohl auch im Sterben sein.“

Das Beobachten der Natur kann manchen Menschen das Gefühl geben: auch ich werde wiederkommen, auch ich bin schon einmal dagewesen, es gibt in mir einen unzerstörbaren Kern meines Wesens, der sich immer wieder entfalten wird.

Der Philosoph Johann Gottlieb Fichte drückt diesen Gedanken des Fortbestehens aus der Beobachtung der Natur so aus:

„Aller Tod in der Natur ist Geburt, und gerade im Sterben erscheint sichtbar die Erhöhung des Lebens. Es ist kein tötendes Prinzip in der Natur, denn die Natur ist durchaus lauter Leben; nicht der Tod tötet, sondern das lebendigere Leben, welches hinter dem alten Verborgenen beginnt und sich entwickelt.“ (aus: *Aus Tod wird Leben*)

Verschiedene Denker haben für sich bestimmte Wert- und Sinnvorstellungen im Hinblick auf die Unsterblichkeit gefunden. Sie sagen, daß jedem Wesen ein Drang nach *fortschreitender Selbstverwirklichung* innewohne, ein Drang, sich zu vervollkommnen. Dieses Verlangen und das dem Menschen eingeborene Wissen von Gerechtigkeit könne zu Lebzeiten nur unzulänglich befriedigt werden, und müsse in irgendeiner Form zu seiner Erfüllung finden. Hier finden wir also die Gedanken, daß es eine Form schöpferischer Weiterentwicklung geben müsse, die eine begonnene Entwicklung zu ihrer Vollendung bringen würde.

Gotthold Ephraim Lessing zum Beispiel greift den Gedanken der ewigen Wiederkehr auf:

„Warum könnte jeder einzelne Mensch nicht mehr als einmal auf dieser Welt gewesen sein? ... Warum sollte ich nicht so oft wiederkommen, da ich neue Kenntnisse, neue Fertigkeiten zu erlangen geschickt bin? Bringe ich auf einmal so viel weg, daß es der Mühe wiederzukommen etwa nicht lohnet? Darum nicht? – Oder weil ich es vergesse, daß ich schon dagewesen bin? ... Oder, weil so zuviel Zeit für

mich verloren gehen würde? Verloren? Und was habe ich denn zu versäumen? Ist nicht die ganze Ewigkeit mein?"

(aus: *Aus Tod wird Leben*)

Und Johann Wolfgang v. Goethe schreibt:

„Mich läßt der Gedanke an den Tod in völliger Ruhe, denn ich habe die feste Überzeugung, daß unser Geist ein Wesen ist ganz unzerstörbarer Natur. Es ist ein Fortwirkendes von Ewigkeit zu Ewigkeit; es ist der Sonne ähnlich, die in unseren irdischen Augen wohl unterzugehen scheint, die aber eigentlich nie untergeht, sondern unaufhörlich fortleuchtet ..." (aus: *Aus Tod wird Leben*)

Ein anderer Weg, sich der Gewißheit eines Nachtodlichen anzunähern, liegt in einer sehr alten und wiederentdeckten Tradition, die wir heute als „Transpersonale Erfahrung" bezeichnen. *Durch bestimmte Methoden der Meditation und der Atmung* kann sich der Mensch auf dem Wege der Übung in andere Bewußtseinszustände, die jenseits des ‚rationalen' oder ‚kausalen' oder ‚intellektuellen' Bewußtseins liegen, versenken. In dieser ‚erweiterten Bewußtseinshaltung' können Erfahrungen gemacht werden, die dem Meditierenden Sicherheit oder auch Gewißheit schenken, daß das Leben des Menschen ein Teil kosmischer Ganzheit ist, daß alles Leben eine ewig fließende Bewegung ohne Anfang und Ende ist: daß das Bewußtsein unsterblich ist.

Der Herr Krischna spricht zu seinem Schüler Ardschuna:
Die Weisen trauern nicht um das was lebt,
Noch um den Tod. Nie gab es eine Zeit,
In der ich nicht war, oder du; auch jene,
der Erde Herrscher, waren stets; noch wird
Die Zeit in Zukunft kommen, wenn nur einer
Aufhören wird zu sein, der wahrhaft ist.
Was wirklich ist, lebt ewig. Wie im Körper
Auf Kindheit und Jugend dann Alter folgt,
so folgt Entstehung und Vergehen stets

Für die Gefäße, die der Geist bewohnt.
Das was unsterblich ist im Menschenherzen,
wird wieder neu in Leibern offenbar.
(H. Fändrich, *Die Bhagavad Gita. Bücher der Schatzkammer*)

Und bei Tschuang Tse, dem großen chinesischen Weisen, heißt es:

Die meisten Menschen pflegen nur das äußerlich Sichtbare wichtig zu nehmen und das allein Wesentliche, das Innere, zu übersehen.

Was sie wahrnehmen und schätzen, ist bald vergangen und fällt dem Vergessen anheim.

Doch warum darüber trauern?

Steht doch hinter dem sterblichen Ich das, was nicht vergeht, was von Dauer ist! (Tschuang Tse, *Lebe bewußt*)

Für andere Menschen kann sich das Vertrauen auf die Unsterblichkeit durch die Kenntnis von *Religionsgeschichte und Philosophie* ergeben . Durch die Texte und Schriften alter Denker, Philosophen und Weisen oder Heiligen lernen sie, den eigenen Glauben, das eigene Weltbild zu formen. Nicht, daß wir sogenannte Beweise blindlings übernehmen, sondern daß wir erfahren, was dem eigenen Wesen, Glauben, Hoffen und Denken nahe kommt und stützt. Auf diese Weise können wir Bestätigung und Übereinstimmung mit dem eigenen Empfinden erfahren und uns in Gedanken und Vorstellungen, die für sie selbst bedeutsam sind, hineinleben. Sie können so zu tragfähigen Überzeugungen werden.

Zu allen Zeiten, bei allen Völkern gab es Vorstellungen, die davon ausgehen, daß mit dem Tod nicht alles aus ist. Alle Völker und Rassen haben hiervon überwältigende Visionen, die in Mythen, Märchen, Symbolen und Ritualen ihren Ausdruck fanden.

„Für die Ägypter hatte der Tod nichts Erschreckendes. Er markierte einen Haltepunkt in einer normalen Entwicklung ohne Anfang und ohne Ende und kündigte eine echte Ge-

burt an, in der der Verstorbene zum ewigen Leben geboren wurde ... Ihre Glaubenssymbole wollten den verängstigten Menschen erklären, daß es im Grunde den Tod gar nicht gibt. Grab ist nicht Grab auf ägyptisch, sondern ‚Ort, wo man aufersteht' ... Für die Ägypter gibt es das Reich des Totengottes Osiris. Sie erfanden das Symbol der Himmelfahrt, dieser Verwandlung in Licht, diese Entrückung zu den Sternen ... Sie hatten das Bild von dem Ba, dem Seelenvogel aus Gold, der sich im Augenblick des Todes aus dem Leib des Verstorbenen erhebt und zurückfliegt zum Himmel, zurück zu den Sternen, zum Ursprungsort seines Wesens ...“

(E. Drewermann, *Ich steige hinab in die Barke der Sonne*)

Ganz besonders die alten Kulturen und Hochreligionen verfügten über Glaubensvorstellungen, Wissenschaften und weitreichende Denksysteme, die sich mit Sterben, Tod und nachtodlichem Leben befassen. Daraus sind die sogenannten Totenbücher entstanden. In ihnen sind Kenntnisse und Erfahrungen von Menschen gesammelt, die ein Leben lang intensiv dieses Thema erforschten. Durch diese Schriften können wir heute an Erfahrungen teilnehmen, die uns nicht unmittelbar zugänglich sind und durch die wir unsere eigenen Vorstellungen erweitern können.

So begleitet zum Beispiel der Text des Tibetanischen Totenbuches den Sterbenden und dann den Verstorbenen in seiner dann vorhandenen Seelenform durch verschiedene Stadien seines Seins. Zu Beginn seiner Reise heißt es:

„O, Edelgeborener ..., höre zu. Jetzt erfährst du die Strahlung des klaren Lichtes reiner Wirklichkeit. Erkenne sie. O Edelgeborener, dein jetziger Geist, seiner wirklichen Natur nach leer, ist die wahre Wirklichkeit, die allgute Mutter ...“

(W. Y. Evans-Wentz [Hg.], *Das Tibetanische Totenbuch*)

Der *christliche Glaube,* in dem die Vorstellung eines ewigen Lebens einen Grundpfeiler bildet, geht davon aus, daß Gott der Schöpfer höchste Weisheit, Liebe und Gerechtigkeit verkörpert. Der Glaube an die Unsterblichkeit kann durch die wunderschöne Zusicherung aus dem Johannesevangelium (Johannes 14.2-3) gestärkt werden:

„Im Hause meines Vaters sind viele Wohnungen. Wäre es nicht so, hätte ich es euch gesagt. Ich gehe, um euch einen Platz zu bereiten. Und wenn ich gegangen bin und euch eine Platz bereitet habe, komme ich wieder und werde euch zu mir nehmen, damit, wo ich bin, auch ihr seid."

An einer anderen Stelle im Johannesevangelium hören wir:

„Ihr habt nun Traurigkeit; aber ich will euch wiedersehen, und euer Herz soll sich freuen, und eure Freude soll niemand von euch nehmen." (Johannes 16.22)

Und Paulus schreibt an die christliche Gemeinde in Korinth (1. Kor. 15,51):

„Siehe, ich sage euch ein Geheimnis: Wir werden zwar nicht alle entschlafen, wohl aber werden wir alle verwandelt werden, und zwar in einem Nu, in einem Augenblick, beim Schall der letzten Posaune; die Posaune wird nämlich erschallen und die Toten werden als Unverwesliche auferweckt werden, und wir werden verwandelt werden."

In seinen Briefen an die Gläubigen in Rom (Röm. 14. 7-8) schreibt er:

„Denn keiner von uns lebt für sich selbst, und keiner stirbt für sich selbst. Denn wenn wir leben, leben wir für den Herrn, und wenn wir sterben, sterben wir für den Herrn. Mögen wir also leben oder sterben, wir gehören dem Herrn."

Allen Religionen gemeinsame Grundlage ist die Vorstellung, daß das Wesen des Lebens unzerstörbar ist. Auch der Tod ist nur ein Teil innerhalb dieser nicht endenden Entwicklung. Dem ‚normalen' Bewußtsein ist dieses Weiterbestehen jedoch nicht so einfach zugänglich. Es hat aber zu allen Zeiten und Kulturen Menschen gegeben, die die Möglichkeit fanden, ihr Bewußtsein auf eine solche Weise zu verfeinern und zu erweitern, daß sie fähig wurden, diesen Strom des Ewigen zu erfahren. Sie erkennen ein geordnetes, harmonisches Ganzes, in dem Leben und Tod sich im wiederkehrenden Wechsel ablösen.

In den asiatischen Religionen taucht hier der *Gedanke der Wiederkehr,* der Rückkehr und der Wiedergeburt auf.

„Ich starb als Mineral und wurde Pflanze;
als Pflanze starb ich und wurde Tier.
Ich starb als Tier und wurde Mensch.
Warum also fürchten, im Tod zu Nichts zu werden?
Bei meinem nächsten Tod
werde ich Schweigen hervorbringen und Federn wie Engel;
dann mich noch höher hinaufschwingen als Engel –
was ihr nicht erdenken könnt,
ich werde es sein." (Mavlana Jalauddin Rumi. in: R. Feild, *Ich ging den Weg des Derwisch*)

Wie finden hier die Vorstellung, daß es etwas gibt, ein Wesentliches, das den Menschen ausmacht, das unzerstörbar ist und das in dem Rhythmus des Sterbens und Geborenwerdens einer immer größeren Reifung und Vollendung entgegengeht. Es gibt die unterschiedlichsten Bezeichnungen hierfür: Einige nennen es die Seele oder den Geist, das höhere ICH, oder ein persönliches unsterbliches Selbst, oder auch den Funken Gottes.

Der romantische Dichter Novalis meint zu diesem ‚höheren Ich':

„Vollständig Ich zu sein ist eine Kunst ...
Dieses Ich höherer Natur
verhält sich zum Menschen
wie der Mensch zur Natur,
oder
wie der Weise zum Kinde.
Der Mensch sehnt sich, ihm gleich zu werden."

(Novalis, *Werke.* Hamburg 1959)

Die Bilder und Gedanken, die Menschen entwickelten, um das sogenannte ‚Jenseits' faßbarer zu machen, sind von unendlicher Vielfalt. Diese Vielfalt ist vielleicht so zu verstehen, daß alle kulturell und individuell unterschiedlichen Menschen die zu ihnen passenden Bilder fanden.

Und ebenso gibt es Religionen, die Abstand nehmen von solchen Konkretisierungen und eher die Haltung einnehmen, daß sie die ‚jenseitigen' Erfahrungen und Vorstellungen nicht in eine verkleinerte und reduzierte Erklärung, nicht in unsere Worte bringen können und möchten. Für sie bleiben *Jenseitshoffnungen bildlos* und sie streben danach, sich vertrauensvoll diesem ‚Nichtwissen' anzuvertrauen.

Die folgende Erzählung aus den Upanischaden faßt verschiedene Gedanken zu der Frage der Unsterblichkeit zusammen.

Svetaketu – eine Erzählung aus den Upanishaden

Svetaketu

Einst lebte ein junger Mann mit Namen Svetaketu, der Sohn von Uddalaka Aruna. Als er zwölf Jahre alt geworden war, schickte ihn sein Vater in die Fremde, daß er bei einem Lehrer unterrichtet würde.

Als Svetaketu mit vierundzwanzig Jahren zurückkehrte, hatte er viel gelernt und war arrogant und eingebildet auf sein großes Wissen. Er hatte das Gefühl, nun wisse er alles, was es zu wissen gäbe.

Sein Vater bemerkte das und sprach zu ihm: „Mein Sohn, hast du jemals nach den Lehren gefragt, durch die man hört – hört und versteht -, was man nicht hören kann, hast du nach dem gefragt, durch das man sieht, was man nicht sehen kann, und weiß, was nicht gewußt werden kann?"

„Was ist das für eine Lehre?" erwiderte da der Sohn.

„Nun gut, mein Sohn, ich werde dir davon sprechen. Indem du weißt, was ein Klumpen Lehm ist, weißt du das We-

sentliche über alle Dinge, die aus Lehm gemacht sind, denn sie unterscheiden sich nur durch ihre Formen und Namen voneinander. Wenn du ein Klümpchen Gold kennst, dann weißt du um das Wesentliche aller Dinge, die aus Gold gemacht werden. Ihre Unterschiedlichkeit besteht nur in ihren Namen und Formen. Indem du ein Stück Eisen kennst, kennst du das Wesen aller Dinge, die aus Eisen gefertigt werden, denn ihre Unterschiede bestehen nur in ihren Namen und Formen.

In der gleichen Weise, mein Sohn, bekommst du durch solches Wissen das Wesentliche und die Grundlage von allem zu Wissenden."

„Ich glaube, daß meine verehrten Lehrer dieses Wissen nicht hatten, denn sonst hätten sie es mich gelehrt. So bitte ich dich denn, Vater, daß du mich unterrichtest", sagte Svetaketu zu seinem Vater.

„So soll es sein, mein Sohn. So höre denn:

Am Anfang war reines Sein, eines ohne ein anderes.

Einige Leute glauben zwar, daß am Anfang nur das Nichtseiende war, das Nichtseiende ohne ein zweites, und daß dieses das Seiende gebar.

Aber sage mir, wie könnte das sein?

Wie könnte sich aus dem Nichtseienden ein Seiendes entwickeln?

Nein, mein Sohn, es war das reine Sein, das am Anfang aller Dinge existierte. Das reine Sein aber dachte bei sich selbst: Ich möchte so gerne ‚Viele' werden, ich möchte so gerne Formen und Gestalt annehmen. Und das eine Sein schuf das Licht.

Das Licht aber dachte bei sich selbst: ich möchte so gerne Viele werden. Und das Licht schuf das Wasser.

Und das Wasser dachte bei sich selbst: ach, ich möchte so gerne Viele werden und Form annehmen. Und das Wasser erschuf die Erde.

Auf diese Weise erschuf sich das ganze Universum aus dem reinen Sein.

Dieses Sein, das die feine Grundsubstanz von allem ist, die höchste Wirklichkeit, das Selbst von allem, was existiert – DAS BIST DU –, Svetaketu."

„Erzähl mir mehr von dieser hohen Lehre, verehrter Vater," sagte der junge Mann.

„Nun gut, mein Sohn.

Wenn die Bienen den Nektar von verschiedenen Pflanzen sammeln, vermischen sie ihn zu einem Honig, und die einzelnen Teilchen des Nektars denken nicht länger: Ich komme von dieser Pflanze, und ich komme von jener Pflanze.

Auf die gleiche Weise, mein Sohn, verlieren alle getrennten Wesen in dem Augenblick, in dem sie mit dem reinen Sein in Berührung kommen, die Vorstellung ihrer getrennten Natur. Aber wenn sie aus dem reinen Sein wieder zurückkehren, haben sie wieder das Bewußtsein einer getrennten Individualität. Ob sie nun Tiger oder Löwe, Wolf oder Bär, Wurm oder Fliege, Mücke oder sogar ein Moskito sind, sie werden wieder ganz sie selbst.

Und dieses Sein, das die feine Grundsubstanz von allem ist, die höchste Wirklichkeit, das Selbst von allem, was existiert – DAS BIST DU – Svetaketu."

„Erzähl mir mehr von dieser hohen Lehre, verehrter Vater", sagte der junge Mann.

„Nun gut, mein Sohn.

Alle Flüsse, ob sie nun vom Osten oder Westen kommen, sie fließen in das Meer. Wenn sich die Flüsse erst einmal mit dem Meer vereinigt haben, dann denken sie nicht länger: Ich bin der Fluss, und ich bin jener Fluß. In der gleichen Weise, mein Sohn, denken alle Kreaturen, wenn sie sich mit dem Sein wieder vereinigt haben, nicht mehr an ihre gewundenen Pfade, die sie im Leben gingen.

Nun, dieses Sein, das die feine Grundsubstanz von allem ist, die höchste Wirklichkeit, das Selbst von allem, was existiert – DAS BIST DU – , Svetaketu."

„Erzähl mir mehr von dieser hohen Lehre, verehrter Vater", sagte der junge Mann.

„Nun gut, mein Sohn.

Wenn du auf die Wurzeln dieses großen Baumes einschlagen würdest, dann würden sie ihren Saft verlieren, aber sie würden nicht sterben. Wenn du auf den Stamm einschlagen würdest, er würde bluten, aber nicht sterben. Wenn Du auf die Zweige einschlagen würdest, sie würden verletzt werden, aber nicht sterben. Vom Saft durchdrungen, von seiner Lebenskraft, steht der Baum fest, seine Nahrung trinkend und sich ihrer erfreuend.

Aber dann, wenn diese Lebenskraft sich von einem der Zweige zurückzieht, dann verdorrt der Zweig. Wenn die Lebenskraft sich von einem zweiten Zweig zurückzieht, dann verdorrt auch dieser. Wenn diese Lebenskraft sich von dem ganzen Baum zurückzieht, dann verdorrt der ganze Baum und stirbt.

Auf ganz und gar die gleiche Weise geschieht es, daß, wenn das Selbst sich von dem Körper zurückzieht, der Körper stirbt, wenn auch das Selbst weiterlebt.

Und dieses Sein, das die feine Grundsubstanz von allem ist, die höchste Wirklichkeit, das Selbst von allem, was existiert – DAS BIST DU –, Svetaketu."

„Erzähl mir mehr von dieser hohen Lehre, verehrter Vater", sagte der junge Mann.

„Gut, mein Sohn.

Geh und pflücke eine Feige von dem Feigenbaum."

„Hier ist sie, mein Vater."

„Öffne die Feige und erzähle mir, was du darinnen siehst."

„Viele, viele winzige Samen, mein Vater."

„Nimm einen der Samen, öffne ihn und erzähle mir, was du darinnen siehst."

„Ich sehe ganz und gar nichts im Innern, mein Vater."

Da sagte der Vater:

„Die feine Grundsubstanz, die Lebenskraft der Feige erscheint dir als Nichts, aber glaube mir, mein Sohn, aus diesem großartigen Nichts ist dieser Feigenbaum emporgewachsen.

Dieses Sein, das die feine Grundsubstanz von allem ist, die höchste Wirklichkeit, das Selbst von allem, was existiert – DAS BIST DU –, Svetaketu."

„Erzähle mir mehr von dieser hohen Lehre, verehrter Vater," sagte der junge Mann.

„Gut, mein Sohn.

Nimm dieses Salz, schütte es in ein Glas mit Wasser und komme morgen früh wieder zu mir."

Svetaketu tat, wie sein Vater es ihm aufgetragen hatte, und ging am nächsten Morgen wieder zu ihm.

„Bringe mir das Salz, das du in das Wasser tatest gestern abend."

Der junge Mann schaute in das Glas und konnte das Salz nicht finden, da es sich aufgelöst hatte. Da sagte der Vater: „Nimm ein Schlückchen, ganz von oben. Wie schmeckt es?"

„Salzig, Vater."

„Schütte einiges fort und nimm einen Schluck von der Mitte. Wie schmeckt nun das?"

„Salzig, Vater."

„Gut, dann schütte noch mehr fort und nimm noch ein Schlückchen vom Boden. Und wie schmeckt das?"

„Immer noch salzig, Vater."

„Nun, dann wirf alles weg und komm zu mir."

Der junge Mann tat, wie es der Vater ihm sagte, indem er sprach: „Jeder Tropfen schmeckte salzig."

„Genauso, mein Sohn, vermagst du das reine Sein, wie es alles durchdringt, nicht zu sehen, aber in Wahrheit ist es wirklich da.

Dieses Sein, das die feine Grundsubstanz von allem ist, die höchste Wirklichkeit, das Selbst von allem, was existiert – DAS BIST DU –, Svetaketu."

„Erzähl mir mehr von dieser hohen Lehre, verehrter Vater," sagte der junge Mann.

„ Gut, mein Sohn.

Stelle dir einen Mann vor, der gänzlich erblindet ist. Er hat sich weit von seinem Zuhause verirrt und sich in der Wildnis verloren. Er wird hoffnungslos und ohne Richtung umherirren und ausrufen: Ich bin mit Blindheit geschlagen und verlassen. Aber wenn jemand käme, ihm die Blindheit nähme und ihm die Hauptrichtung zurück in seine Heimat wiese, dann könnte er mit Hilfe seiner Intelligenz möglicherweise und indem er sich von Dorf zu Dorf weiterfragen würde, sein Ziel erreichen.

In der gleichen Weise kann ein Mensch, der einen Lehrer gefunden hat, der ihm den rechten Weg zeigen kann, wissen, daß er auf dem richtigen Pfad ist und daß er so möglicherweise sein Ziel erreichen kann.

Dieses Wesen, das die feine Grundsubstanz von allem ist, die höchste Wirklichkeit, das Selbst von allem, was existiert – DAS BIST DU –, Svetaketu."

(Aus den *Upanischaden.* Frei übertragen von Lis Bickel.)

Die Zeit der Trauer – Schwierigkeiten und Hilfen auf dem Weg

Dieses Kapitel möchte Ihnen in der Zeit der eigenen Trauer eine Hilfe und Begleitung sein. Der Verlust eines nahen Angehörigen, eines geliebten Menschen stürzt uns in Tiefen und Verzweiflung, die wir vorher oft nicht kannten. Trauer ist eine ganz normale Reaktion, wenn wir einen nahen Menschen verloren haben. Trauer ist ein Bemühen der Seele, das Geschehen zu begreifen.

So sagt ein Mann, der seine Frau verloren hat: *„Ich wußte einfach nicht mehr ein noch aus, alles Leben hatte seinen Sinn für mich verloren."*

Sterben und Tod bringen wohl die dramatischsten und stärksten Gefühle in unser Leben, und wir sind wenig auf diese Erfahrungen vorbereitet. Manche Menschen erleben die Begegnung mit der Endlichkeit als so bedrohlich, daß sie verzweifelt versuchen, sich ihr nicht stellen zu müssen. Wege der Flucht können die Arbeit oder auch Sucht- und Rauschmittel sein, jede mögliche Form von Vergessen, und auch das Abtöten der Gefühle als scheinbar schneller Weg aus der Krise ins vermeintlich endgültige Vergessen.

Solche Möglichkeiten der Betäubung mögen zeitweise Erleichterung verschaffen und eine kurzfristige ‚Lösung' bieten, am Ende erscheinen sie jedoch oftmals als Sackgassen, da entweder der Körper oder die Seele Schaden leidet. So berichtet eine Frau: *„Ich habe einfach so weitergemacht, als wenn nichts geschehen wäre. Ich habe das Geschäft meines Mannes übernommen und aufgebaut, ich habe bis zum Umfallen gearbeitet. Das ging anderthalb Jahre gut. Ich dachte von mir, es gut geschafft zu haben. Aber dann zeigten sich* *starke Ängste und Schlafstörungen, so daß ich einen Arzt aufsuchen mußte."*

Jeder wird die Erlebnisse, die durch Sterben und Tod ausgelöst werden, individuell verschieden erleben. Doch es gibt auch Gemeinsamkeiten und übereinstimmende Erfahrungen in der Welt der Gefühle, die es uns vielleicht ermöglichen, uns doch als ‚normal' und ‚richtig' in all unseren Schmerzen und Verwirrungen zu begreifen. Denn ein zusätzlich belastendes Gefühl ist der Gedanke, ‚nicht mehr normal' zu sein, oder der Eindruck, der einzige Mensch zu sein, der solche Tiefen und Erschütterungen erleiden muß.

Eine junge Frau, die plötzlich durch einen Verkehrsunfall ihren Mann und ihre zwei kleinen Kinder verloren hatte, erzählt: *„Bei all diesen Gefühlen, denen ich da in mir begegnete und die sich fast ohne Unterbrechung mischten und aneinanderreihten, glaubte ich, nun verrückt geworden zu sein, und da wurde die Angst so groß, daß ich Hilfe suchen mußte. Es war eine ganz große Erleichterung für mich, als ich in einer Gruppe trauender Frauen erlebte, daß alle eigentlich ähnliche oder sogar die selben verwirrenden Gefühle und Gedanken hatten."*

Manchmal ist es auch so, daß Trauernde sich in diesen Zeiten ganz von anderen Menschen, Familienangehörigen oder auch ihren Kindern zurückziehen möchten. Sie empfinden dann jede Verpflichtung und Verantwortung anderen gegenüber als unerträgliche Last. Sie haben das Gefühl, sich nicht auch noch mit ihrem Schmerz auseinandersetzen zu können, zumal jeder auf seine Weise seinen Weg der Trauer durchlebt und durchschreitet.

Wenn Eltern zum Beispiel ein Kind verloren haben, wünschen sie sich jeweils vielleicht, daß der Partner genauso trauert und daß sie sich gegenseitig helfen könnten. Aber häufig ist es so, daß jeder ganz auf seine Art trauert und vielleicht sogar in einer Weise, die dem anderen fremd ist. So möchte der eine möglicherweise über den Verstorbenen sprechen, aber das Geschwisterkind oder der Ehepartner nicht. Es kann leicht zu Spannungen führen, weil Erwartungen vom Gegenüber nicht erfüllt werden. Wir meinen dann, der andere trauere nicht richtig. Dabei ist es wichtig, daß wir uns und ihm den ganz eigenen Weg lassen, ohne einander zu bewerten.

Die Gefühle

Der Verlust eines nahen Menschen löst viele verschiedene und oft auch einander widersprechende Empfindungen aus. Häufig werden Trauernde von einem Gefühl zum anderen hin und her geworfen – für manche ist es wie eine Achterbahn. – *Wenn Sie mögen, kreisen Sie die von Ihnen erfahrenen Gefühle ein.*

Starre Scham Wut

Angst Leere Erleichterung

Zorn Ruhelosigkeit Ekel Freude

Hilflosigkeit Schock Dankbarkeit

Gleichgültigkeit Müdigkeit Hass

Einsamkeit Liebe Verzweiflung

Minderwertigkeitsgefühl Schmerz

Die Gedanken

Und es gibt den anderen Bereich der Gedanken, die oft ebenso verwirrend und unannehmbar erscheinen (an einigen Stellen haben wir Raum für Ihre eigenen Notizen gelassen):

– Das hört nie, nie wieder auf.
– Eigentlich bin auch ich mitgestorben.
– Du hast dich aus dem Staub gemacht!

– Wie konntest du mir das antun!
– Ich kann und will das gar nicht glauben.
– Nein, das kann nicht wahr sein!
– Du bist gestorben, weil ...
– Jetzt bin ich frei.
– Ich hasse alle Menschen, die weiterleben.
– Jetzt hat mein Leben keinen Sinn mehr.
– Habe ich dich je geliebt? Hast du mich je geliebt?
– Ich glaube immer, daß er noch wiederkommt.
– Es ist furchtbar – ich kann an nichts anderes mehr denken.
– Ich will deinen Tod gar nicht verstehen, denn dann würde ich ihn annehmen.
– Ich möchte nichts mehr sehen, was mich an dich erinnert.
– Nachts fühle ich, daß sie neben mir liegt. Bin ich jetzt verrückt?
– Gott ist böse und ungerecht.
– Ich hatte ihn einfach nicht verdient!
– Hätte sie mehr zu essen bekommen, wäre sie vielleicht wieder gesund geworden.
– Die Ärzte haben ihn umgebracht.
– Endlich ist diese Qual vorbei.
– Alles ist so unwirklich.
– Nie wieder! Wie kann ich nur damit leben!
– Wie kann die Welt nur so einfach weitergehen! Es müßte alles stehenbleiben!
– Wie lange muß ich noch leben – so allein?
– Ich bin so hüllenlos, wund und überempfindlich.
– Das Schönste wird jetzt zum Schlimmsten.
– Mein Herz zerreißt. Es weigert sich, den Schmerz anzunehmen.
– Wie kann Gott mein Kind vor mir sterben lassen. – Lieber gäbe ich mein Leben, wenn es dafür leben könnte.
– Jetzt kann ich meine Frau ganz anders sehen. Ich lerne sie jetzt neu kennen. Warum war das nicht schon vorher möglich.
– Ich brauche soviel Zeit für mich. Arbeiten kann ich nur

zwei bis drei Stunden, dann muß ich wieder nach Hause. Ich habe keine Spannkraft mehr.
- Mein Leben ist jetzt so leer und schwer. Ich möchte auch nicht mehr leben.
- Neben all dem Schmerz spüre ich dich manchmal auch ganz nah.
- Der Schmerz scheint immer tiefer zu sinken. Hört denn das nie auf!
- Kein menschlicher Trost erreicht mich mehr.
- ______________________________
- ______________________________
- ______________________________

Warum?

Oft quälen uns Fragen, die alle mit ‚Warum' anfangen:
- Warum starb nicht ich, sondern er/sie ...
- Warum konnte dich meine Liebe nicht halten?
- Warum hatten wir nur so wenig Zeit?
- Warum ______________________________
- Warum ______________________________
- Warum ______________________________

Körperliche und seelische Reaktionen

Und dann sind da auch noch körperliche Empfindungen, veränderte Reaktionen und Verhaltensweisen:
Müdigkeit – Leeregefühl im Magen – Brustbeklemmungen – Herzrasen – Schlafstörungen – Zugeschnürtsein in der Kehle – Kurzatmigkeit – Appetitmangel – Muskelschwäche – Konzentrationsstörungen – Wahnvorstellungen – Verwirrung – Überempfindlichkeit – Desinteresse – Kontaktverweigerung – unverständliche Träume – Zwangshandlungen – Suchen und Rufen – Lautes Sprechen mit dem Verstorbenen – Überaktivität.

Mögen Sie die Ihnen bekannten Erscheinungen unterstreichen?

Alle diese Gefühle, Empfindungen, Erlebnisse, sind normal. Sie kommen und gehen. Und eines Tages werden sie weniger intensiv und bedrohlich sein.

Die Zeit

In der Zeit der Trauer wird das Verhältnis zur Zeit selbst problematisch:

- Wann hört denn das endlich auf!
- Ich habe das Gefühl, das geht nun für immer so weiter.
- Ich trauere nun schon ein Jahr um meine Mutter. Ist das noch normal?
- Ich habe gar keine Zeitgefühl. Seit dem Tod meiner Tochter ist die Zeit stehengebleiben.
- Ich komme gar nicht mehr mit, mir geht alles viel zu schnell.
- Ich denke immer, diese schwere Zeit hat jetzt aufgehört, und dann scheint es wieder von vorne anzufangen. Ich bin dann wieder ganz am Anfang.

Wir können uns selber helfen, indem wir uns
ZEIT LASSEN
und uns zubilligen, für alle Gefühle, Erlebnisse und Phasen uns die
ZEIT ZU NEHMEN,
die wir brauchen.
Wichtig ist, daß wir uns in all unseren Gefühlen annehmen und uns den Weg nicht durch unsere eigene Ablehnung noch schwerer machen. Alle Empfindungen dürfen sein.
Da, wo wir uns gestatten
ZEIT ZU HABEN
können wir fast immer erleben, daß sich die Dinge langsam wandeln.

Es gibt die unterschiedlichsten und scheinbar widersprüchlichsten Aussagen über das Empfinden im Verhältnis zur Zeit. Alle diese Zeitempfindungen haben ihre Richtigkeit.

Weitere Hilfen

Was kann uns in dieser Zeit noch helfen? Vielleicht:

- Vertraute Wege abzulaufen oder Orte aufzusuchen, die uns mit dem oder der Verstorbenen verbinden.
- Die Wohnung zunächst so zu belassen, wie sie ist. Irgendwann kommt dann von innen der Impuls, sie zu verändern – vielleicht nach einem halben Jahr, nach einem oder nach zwei Jahren.
- Fotos aufzustellen.
- Innerlich mit dem oder der Verstorbenen zu reden oder Briefe an ihn oder sie zu schreiben.
- Manches vielleicht genauso zu machen wie der verstorbene Mensch.
- Nach draußen in die Natur zu gehen.
- Stille zu sein.
- Den verstorbenen Menschen innerlich um Verzeihung zu bitten oder ihm zu danken.
- Neue Seiten in sich zu entdecken und zu leben.
- Gespräche mit anderen zu suchen, die ähnliches erlebt haben.
- Zusammen zu sein mit Menschen, die mich verstehen und die mich annehmen, wie ich bin.

Das Verhältnis zu anderen

So wie wir fast alles in der Zeit des Abschieds und der Trauer verändert erleben und fühlen, ist auch sehr häufig unsere Beziehung zu den Menschen der engeren oder weiteren Umgebung verändert und erschwert. Manchmal erfahren wir allerdings auch, daß wir einen ganz neuen oder vertieften Zugang finden zu Menschen, die uns zuvor nicht so nahe standen.

Im Vordergrund steht oft der Gedanke: Mich versteht sowieso niemand. Denn wir erleben uns als so verändert. Vieles, was uns vorher interessierte, finden wir jetzt unbedeutend. Viele Äußerlichkeiten sind jetzt so banal. Dadurch werden uns manchmal die Menschen sehr fremd oder gleichgültig, oder es schleichen sich Neid- und Haßgefühle in unsere Seele: Ich hasse den Menschen, denn er lebt noch. Oftmals erfahren wir auch gerade in dieser Zeit Verletzungen und Taktlosigkeiten von anderen, die unsere Einsamkeit noch vertiefen.

In der Zeit nach dem Tod eines nahen Menschen braucht es auf allen Seiten Nachsicht und Geduld. Vielleicht kann uns der Gedanke helfen, auch diese Beziehungsstörungen als vorübergehend anzusehen.

Sterben und Tod lösen in den meisten Menschen Gefühle der Unsicherheit und Angst aus. Oberflächlich wohlmeinende Ratschläge und Tröstungen verursachen häufig eine abwehrende Reaktion, so z.B.:

- Das wird schon wieder!
- Ich habe auch so viel Schlimmes erlebt ...
- Ich habe es ja auch überstanden.
- Weißt du, mir ging es damals noch schlimmer als Dir.
- Nur Mut!
- Mit der Zeit wird alles wieder gut. Du wirst schnell wieder jemanden finden.
- Ihr könnt doch noch weitere Kinder bekommen.
- Man muß eben tapfer sein und das mit Haltung tragen.

Solche Bemerkungen werden von Trauernden als Verletzung empfunden, sie bleiben dabei mit ihrem Schmerz allein. Sie fühlen sich einsam und isoliert.

Das Verhältnis zu den Kindern

Gerade unsere Kinder, die am nächsten mit uns verbunden sind, bestärken und steigern unsere Gefühle in dieser Zeit der Trauer auf ganz besondere Weise. Auf der einen Seite mögen sie uns einen Sinn geben und als einzige Hoffnungsmöglichkeit für die Zukunft erscheinen. Wir möchten uns ihnen eigentlich verstärkt zuwenden – spüren dabei aber, daß das weder für sie noch für uns gut ist.

Manche erleben, daß ihnen die Ähnlichkeit des Kindes mit dem Verstorbenen als unerträglicher Schmerz oder aber als größtes Geschenk entgegen kommt. Wir sind vielleicht verführt, das Kind unbewußt als Partnerersatz zu betrachten. Daneben erfahren wir deutlich, daß das Kind uns unsere Wünsche nicht erfüllen kann und uns sogar manchmal sehr fremd ist in seiner ihm eigenen Ausdrucksweise.

Auf der anderen Seite erleben wir unsere Kinder auch als große Belastung. Wir spüren, daß wir nun mit der ganzen Verantwortung und den Fragen der Erziehung alleine und eigentlich überfordert sind. Kleinigkeiten können uns dann rasch an die Grenze der Geduld bringen, und es mag der Gedanke in uns aufkommen: „Wäre ich doch nur ganz alleine!" Die ganz andere Art der Kinder, mit dem Verlust umzugehen, kann dann zusätzlich verletzend für uns sein.

Besonders in dieser Zeit schwanken unsere Gedanken zwischen den beiden Extremen hin und her: „ich würde am liebsten mein Kind immer neben mir im Bett haben" und: „Manchmal kann ich meine Kinder nicht ausstehen!".

Die Situation in der Familie – Eine belastende Zeit für alle

„Es schien mir unmöglich, ihnen zu sagen, daß ihr Papa gestorben sei"

Wie schaffen es Familien, mit dem Tod eines Kindes oder Elternteils umzugehen? Wie können Erwachsene ihre Kinder auf ihrem Weg begleiten, wenn sie selbst vor Schmerz und Trauer eigentlich nicht weiter wissen? Was kann in dieser Zeit helfen?

Renate, eine junge Mutter von drei Kindern, berichtet von ihren Erfahrungen:

„Mein Mann litt seit einigen Jahren an starker Gefährdung durch Herzinfarkt. Wie schon so oft, war er in jener Woche beruflich unterwegs. Am Mittwochnachmittag kam er nach Hause. Es ging ihm nicht gut. Ein paar Stunden später starb mein Mann völlig unerwartet, in der Praxis unseres Hausarztes. Er war vierunddreißig Jahre alt geworden.

Ich verbrachte die Nacht neben ihm liegend und wartete darauf, einfach auch zu sterben. Meine Gedanken kreisten aber auch ständig um unsere Kinder. Es schien mir unmöglich, ihnen zu sagen, daß ihr Papa gestorben sei.

Mein Mann war ein sehr liebevoller Vater gewesen. Er war mit jedem Kind eng verbunden gewesen und sehr stolz auf sie. Seit ihrer Geburt hatte er sie mitversorgt und viel mit ihnen unternommen. Wie sollten sie ohne ihn weiterleben?

Norbert war acht Jahre alt und ging in die zweite Klasse. Auf die Nachricht vom Tod seines Papas reagierte er mit

Entsetzen. Er weinte und klagte und zählte auf, was er noch alles mit ihm vorgehabt hätte.

Nicole, sie war damals zwölf Jahre alt, weinte sofort los, als ich ihr sagte, daß ihr Vater tot sei; gleichzeitig wollte sie mir nicht glauben.

Unsere kleine Maria war mit ihren drei Jahren verwirrt und überfordert.

Ich selbst war wie betäubt. Die Erinnerungen an die ersten Tage danach sind nur schemenhaft. Zu allem Unglück starb fünf Wochen nach dem Tod meines Mannes auch noch mein Vater, der sehr krank gewesen war.

Die zwölfjährige Nicole hat nie mehr vor mir geweint. Sie bezog ganz schnell eine sorgende Mutterrolle, sie wollte stark und tröstend sein und überforderte sich damit. Ich versuchte mich dagegen zu wehren, aber in meiner eigenen Schwäche und Trauer war ich nicht stark genug. Schon bald stellten sich bei ihr starke körperliche Beschwerden ein, und sie fehlte oft in der Schule.

Themen wie ‚der Papa' oder ‚der Tod' wurden von ihr strikt vermieden. Wenn ich versuchte, mit ihr über den Vater zu reden, reagierte sie ausgesprochen abweisend und verweigerte sich. In dieser Zeit bevorzugte sie ‚ganz besonders lustige Bücher'. Den Ballettunterricht gab sie auf: ‚Tanzen könne sie nun nicht mehr.' Dagegen half ihr die Musik sehr, sie spielte Geige oder auch Klavier. Mein Mann und sie hatten früher viel Spaß beim gemeinsamen Improvisieren gehabt.

Die körperlichen Beschwerden wurden immer schlimmer. Nachts hatte sie Alpträume, über die sie lange nicht sprach. Über mehrere Monate hinweg hatte sie hin und wieder den Wunsch, sich das Leben zu nehmen. Mir fiel auf, daß sie regelrecht nach Selbstmordmöglichkeiten suchte. Sie nahm plötzlich Zugänge zu Bahngleisen wahr und bemerkte, daß es hier ja leicht wäre, hinunterzuspringen, und sie fragte, wann denn wohl die Züge fahren würden.

Eines Tages sprach ich Nicole direkt daraufhin an, ob sie daran denke, sich das Leben zu nehmen. Ich bekam ein spontanes und direktes ‚Ja' zur Antwort. Aber mein Zeichen des Verstehens und Wahrnehmens genügte, um ihre innere Spannung und Not zu mildern. Sie machte danach nie mehr Andeutungen.

Ich lernte es langsam, sie mit den Themen, denen sie selber ausweichen wollte, nicht weiter zu konfrontieren. Da ich mir aber doch Sorgen um sie machte, drang ich darauf, daß sie im Herbst des gleichen Jahres eine psychotherapeutische Begleitung bekam. Auch dort brachte sie klar zum Ausdruck, daß sie in Ruhe gelassen werden wollte.

Ein dreiviertel Jahr nach dem Tod meines Mannes wurde Nicole so krank wie nie zuvor. Meine intensive Zuwendung und Pflege taten ihr sehr gut. Auf ihr Bitten bekam sie ein Häschen geschenkt. Das machte sie überglücklich, und sie begann anschließend auch wieder mit dem Ballettunterricht. Ich glaube, daß das Kranksein für Nicole sehr wichtig gewesen war. Jetzt konnte sie endlich die ‚strapazierende Mutterrolle' ablegen und in erster Linie wieder Jugendliche sein. Es war etwa ein Jahr nach dem Tod meines Mannes, als Nicole mir erklärte, daß sie drei Dinge brauche, um glücklich zu sein: den Hasen, das Ballett und ihre Geige.

Mit der Zeit reagierte sie auch etwas duldsamer, wenn sich das Gespräch um ihren Papa drehte. Sie begann, Kleidung von ihm anzuziehen und schlief sogar einmal in seinem Bett. Nach anderthalb Jahren kam es sogar vor, daß sie von sich aus von ihrem Vater sprach und sogar manchmal mit auf den Friedhof ging. Ihre körperlichen Beschwerden gingen zurück.

Ab und zu kommt heute von ihr der Vorschlag, mir doch einen Freund zu suchen. Nicole ist jetzt in der Pubertät, sie idealisiert ihren Vater sehr und lehnt mich und meine Person zur Zeit ganz und gar ab. Für mich ist es sehr schwierig und belastend, zu unterscheiden, welche Schwierigkeiten der Kinder mit dem Verlust zusammenhängen und welche entwicklungsbedingt sind.

Norbert, der achtjährige Mittlere, hatte zur Zeit des Todes die intensivste Beziehung zu meinem Mann. Als ich mit den Kindern ein letztes Mal in die Aufbahrungshalle ging, um dem Papa Ade zu sagen, bekam Norbert Angst und weinte. Er hatte Angst, daß sein toter Papa ihn plötzlich von hinten packen könne.

Auch Norbert weinte danach nicht mehr. Er sprach von einem großen Schmerzbrocken, konnte aber nicht mehr weinen. Er habe keine Tränen mehr, meinte er.

Auch er wollte zunächst nichts vom Papa hören. Er hielt sich dann die Ohren zu und schrie. Norbert war böse mit dem Papa. Immer wieder zählte er vorwurfsvoll und wütend auf, was er mit ihm noch alles hatte machen wollen. Außerdem war er der Meinung, daß der Vater selbst schuld an seinem Tod hatte.

Glücklich machte ihn, daß wir sehr viel Hilfe und Unterstützung von außen bekamen. Die Kondolenzbriefe mit den Geldscheinen waren für ihn sehr wichtig, und schon bald stellte er mir die Frage, wovon wir denn jetzt leben sollten. Für ihn war es beruhigend, daß die Briefe mit den Geldscheinen wochenlang auf dem Regal lagen und unsere Einkäufe von diesem Geld bestritten wurden.

Er wollte auch wissen, was mit dem Papa im Grab passiert, weigerte sich aber, mit auf den Friedhof zu gehen.

Vier Wochen nach dem Tod meines Mannes setzte sich Norbert ganz nah zu mir und fragte mich, ob ich denn überhaupt ohne den Papa leben könne. Er fragte mich auch, wie man sich denn umbringen könne. Mit Nachdruck erklärte er mir dann, daß ich das nie, nie machen dürfe, weil er ja noch eine Mama brauche.

In den ersten zwei Monaten sagte er mir täglich, daß ich nicht wieder heiraten dürfe, es sei denn, ich würde einen

Mann finden, der genau gleich sei wie der Papa, nur ‚das mit dem Herzen' dürfe er nicht haben.

Dann kam plötzlich der Umschwung. Norbert erklärte mir, daß er es sich überlegt habe: ‚Ich dürfe wieder heiraten, weil er dringend einen Papa brauche.' Dabei ging er mit seinen Forderungen bezüglich der Ähnlichkeit zu seinem Vater schrittweise zurück.

Ganz auffällig war von Anfang an eine starke Identifikation mit dem Vater. Er trainierte sich Linkshändigkeit an, spielte Schach, wollte Bergsteigen, fing an, Briefmarken zu sammeln und wollte auch Mathematik studieren. Er schlief sogar in der Haltung seines Vaters, obwohl sie der seinen nicht entsprach. Unter Tränen und Wutgeschrei bestand er darauf, daß nur er Art und Aussehen vom Papa geerbt habe. Er träumte, daß der Papa ihn mit einem fliegenden Teppich abholte. Die meisten dieser Handlungen und Einstellungen schwächten sich mit der Zeit jedoch auch wieder ab; was blieb, war ein großer Ehrgeiz in Mathematik und im Schachspielen.

Immer wieder äußerte er, daß er es nicht glauben könne, daß der Papa nicht mehr zurückkommen würde. Manchmal machte er das Fenster auf, schaute zum Himmel, stellte dem Papa eine Frage und horchte auf die Antwort. Der Wunsch nach einem Vater wurde immer dringlicher, und ich mußte ihm versprechen, einen zu suchen. Zu Weihnachten wünschte er sich gar nichts – außer einem ‚Papa'. In dieser Zeit suchte er auffällig nach Zuwendung und Zärtlichkeit von Männern, die auf ihn väterlich wirkten. Auch das legte sich nach einiger Zeit wieder.

Norbert spricht heute über seinen Vater, aber nicht über Sterben und Tod. Am besten geht es ihm, wenn man sich ausschließlich mit ihm beschäftigt, mit ihm redet und spielt.

Maria war von Geburt an ein fröhliches und ausgeglichenes Kind. Mit ihren drei Jahren konnte sie den Tod des Papas nicht nachvollziehen. Sie war völlig desorientiert und wollte mich trösten. Sie sagte immer wieder: „Papa ist nicht tot, nur im Geschäft. Papa kommt gleich heim." Sie suchte ihn überall. Sie suchte ihn in Abfallkübeln und Bretterwagen. „Papa schläft, Papa geht's gut" wechselte ab mit: „Papa ist tot, Papa ist gestorben".

Der Tod des Opas, dessen Liebling sie gewesen war, brachte sie völlig durcheinander. Sie knirschte nachts mit den Zähnen, hatte Alpträume und wollte dann im ‚Papa-Bett' schlafen. Nachts rannte sie mehrmals plötzlich aus dem Bett, rief nach dem Papa und suchte ihn in der ganzen Wohnung.

Wenige Wochen nach dem Tod bekam sie anhaltendes, sehr hohes Fieber und einen Nervenzusammenbruch. Sie mußte für drei Wochen ins Krankenhaus und ich ging mit, um bei ihr zu sein.

In dieser Zeit achtete sie auf jedes Flugzeug. Sie war davon überzeugt, daß der Papa im Flugzeug sei und gleich herunterkomme. Sehr häufig sprach sie von ihrem ‚lieben Papa, der im Himmel sei.' Sie malte unzählige Bilder mit schwarzen Wolken, in denen ‚der Papa wohnt'. Die Wolken wurden mit der Zeit immer heller.

Es kam oft vor, daß Maria fremden Menschen beim Einkaufen, in der Kirche oder auf der Straße erzählte, daß ihr Papa gestorben sei.

Zu manchen Zeiten war sie sehr aggressiv und destruktiv und wollte alles ‚totmachen', was ihr begegnete. Sie war dann auch unansprechbar und versteckte sich lange unter seinem Bett, oder sie warf sich auf sein Bett und weinte um den Papa. Immer wieder fragte Maria nach dem Papa, wollte mich wegschicken, und der Papa solle jetzt wiederkommen.

Zu unserem Erstaunen erinnert sich Maria bis heute sehr genau an typische Verhaltensweisen ihres Vaters, an Erlebnisse und Erinnerungen; Alltagsszenen mit ihrem Vater kann sie genauestens wiedergeben.

Heute kommt sie hin und wieder zu mir und sagt: „Mama, ich bin so traurig, weil mein Papa gestorben ist". Oder sie sagt: „Ich gehe jetzt auf den Friedhof und grabe den Papa wieder aus. Dann muß er aber erst mal duschen." Es vergeht keine Woche, in der sie nicht vom Papa spricht oder sich an etwas Besonderes vom Vater erinnert.

Inzwischen ist Maria sechs Jahre alt. Sie ist trotz allem ein fröhliches Kind: Sie singt gerne, tanzt und lacht. Sie hat viele Möglichkeiten gefunden, ihre Trauer und das Vermissen des Papas direkt auszudrücken."

Was ist hilfreich in dieser schwierigen Zeit?

Für die Kinder ist es meist eine große Hilfe, *wenn sie den toten Körper gesehen haben* und sich so verabschieden konnten. Dadurch können spätere Zweifel – ‚vielleicht ist der Papi gar nicht tot, sondern ist einfach weggegangen, weil er nicht mehr mit uns zusammen sein wollte' – verhindert werden.

Wichtig ist, daß die Kinder begleitet werden und zu Fragen, zum Gespräch und Ausdrücken ihrer Gefühle ermuntert werden. Manchmal kann es für den hinterbliebenen Elternteil eine Entlastung sein, jemanden, der der Familie nahe steht, zu bitten, die Kinder zu begleiten. Vom Verlust des Partners betroffen, hat der Vater oder die Mutter vielleicht nicht die Kraft, sich den Kindern so zuzuwenden, wie sie es brauchen.

Regina, deren siebenjährige Tochter durch einen Unfall im Wald gestorben war, erzählt, daß es für den zehnjährigen Bruder wichtig war, an allem, was geschah, beteiligt zu sein, an Fragen der Beerdigung, der Gestaltung der Traueranzeigen und Informationen von Verwandten. Ihm half es, so noch etwas für seine verstorbene Schwester tun zu können.

„Wir gestalten die Trauerfeier sehr persönlich und kind-

gemäß. Es sind viele Schulkameraden und Mitschülerinnen da; die Trauerfeier wird so zu einem besonderen Fest für die Kinder. Auch der fünfjährige Bruder wollte mit dabei sein und unbedingt den Sarg mittragen. Vor lauter Spannung und Aufregung singt er laut ein bekanntes Lied der Fußballer. Auch das darf sein."

Unsere Erfahrung ist, daß besonders jüngere Kinder sich trauen, ihre Gefühle zu leben, und daß sie sich spontan und unbedacht Ausgleich zu der Schwere suchen. Ein siebenjähriger Sohn etwa fragte bei der Beerdigung der Mutter: *„Du, Papi, wann ist denn das zu Ende? Und gehen wir dann hinterher ins Schwimmbad?"*

Oder Benedict, der mit sechs Jahren den Tod der Urgroßmutter erlebt. Mit Ehrfurcht geht er ans Bett der Uromi und schaut sich mit großen Augen und viel Konzentration die Tote an. Dabei hält er die Hand seiner Mutter. Sie sprechen miteinander ein Vaterunser und gehen ins Wohnzimmer, um mit ihm über das Erlebte zu reden. Aber Benedict will das gar nicht, sondern er erzählt übergangslos eine lustige Kindergartengeschichte. Zwei Tage später sagte er plötzlich am Familientisch: *„Und wie geht das jetzt mit der Uromi weiter, wo ist sie denn jetzt?" Ihm wird erklärt, daß der tote Körper ja nur die Hülle der Uromi gewesen sei. Das, was vom Menschen zurückbleibt, wenn die Seele zum Himmel geflogen ist, wird mit dem Sarg verbrannt und die Asche kommt in die Erde. Am Ende wird dann alles* wieder *zur Erde, ganau wie die Tulpen da auf dem Tisch, die zum Kompost kommen, wenn sie verwelkt sind und die dann dort auch zu Erde werden. Benedicts Kommentar dazu:"Da mußte sich aber die Seele beeilen, daß sie nicht mitverbrannt wurde. Es war ja so viel Wind an dem Tag, als die Uromi gestorben war, da konnte sie gut fliegen. Und das mit der Erde, das find ich praktisch."*

– *Sachliche Informationen über das Geschehen* beim Tod sind oft eine Hilfe. Die Kinder brauchen Informationen über den Tod des Geschwisterkindes oder Elternteils – entsprechend ihrer Altersstufe. So erzählt Regina: *„Bei dem Tod der Schwester fragt der zehnjährige Bruder ganz besonders nach der Schuld. Wer ist schuld daran, daß das passieren konnte? Hätte der Unfall vermieden werden können? Sachliche Erklärungen und auch Schilderungen über den Krankentransport und das Vorgehen der Ärzte in der Klinik werden angenommen und beruhigen ihn.“*

– Hilfreich ist es, wenn wir *immer wieder offen für ein Gespräch* sind, das Kind aber nicht dazu drängen. Wenn es spürt, es darf über den Verstorbenen sprechen und Fragen stellen, bleibt es mit seinen Gefühlen nicht alleine. Aber es will nicht immer darüber sprechen. Das kennen wir sicherlich auch von uns, daß wir nicht zu jedem und nicht zu jeder Zeit über unsere Gefühle, über unseren Schmerz sprechen möchten.

– Wichtig und oft schwierig zu akzeptieren ist, daß *jedes Kind anders trauert.* Kinder in verschiedenen Altersstufen reagieren auch abgesehen von ihrer persönlichen Veranlagung unterschiedlich auf den Tod. Gerade in der Pubertät ziehen sich Kinder eher in ihrer Trauer von uns zurück und lenken sich gerne ab, wollen das Leben erfahren und nichts vom Tod wissen. Für Erwachsene kann dies sehr schmerzlich und schwierig sein; dennoch ist es hilfreich, zu lernen, sie in ihrer Art des Trauerns zu akzeptieren.

Hin und wieder können begleitende Erwachsene Kindern zusätzliche Möglichkeiten anbieten, mit ihren Gefühlen umzugehen: Durch Malen, Zeichnen, Gedichte oder Tagebuch-Schreiben, durch kreatives Gestalten, Musik oder anderes. Wenn wir sehr besorgt sind, können wir fachliche Hilfe hinzuziehen. Manchmal fällt es vielleicht leichter, einem Fremden gegenüber die Gefühle auszudrücken, als gegenüber Menschen, die einem sehr nahe stehen.

Oft ist es für ein Kind leichter, seine Trauer bei kleineren Anlässen auszudrücken, so zum Beispiel beim Lesen eines traurigen Buches oder beim Anschauen eines Filmes; oder beim Verlust eines Handschuhs, den es vom verstorbenen Vater geschenkt bekommen hatte.

– Kinder machen manchmal *Rückschritte in ihrer Entwicklung:* Sie fühlen sich vermehrt liebesbedürftig, trauen sich manches nicht mehr, was vorher kein Problem war, wollen vielleicht wieder den Schnuller oder das Schmusetuch und suchen besonders die Nähe. Beim Tod eines Elternteils wollen sie vielleicht im Ehebett mitschlafen. Und auch dem Elternteil tut dann ihre Nähe gut. Nur müssen wir als hinterbliebener Elternteil darauf achten, sie später auch wieder wegzuschicken, um sie nicht zum Partnerersatz für uns zu machen oder sie zu sehr an uns zu binden.

Manchmal treten auch Konzentrationsschwierigkeiten auf, oder das Verhalten der Kinder und Jugendlichen ist stark abweisend, aggressiv und impulsiv. Manche reifen jedoch auch in kurzer Zeit weit über ihr Alter hinaus.

– Verbindend ist es, wenn Eltern und Kinder *gemeinsame Erlebnisse und Erinnerungen austauschen* und der Verstorbene dadurch wieder lebendig wird. Regina berichtet: *„Mein Sohn möchte immer wieder alte Fotos der Familie sehen, auf denen die verstorbene Schwester zu sehen ist. Es gibt dann lange Erzählungen beim Betrachten der Fotos von damals: ‚Weißt du noch, damals, als ...' Beim Betrachten der Bilder ergeben sich für uns alle wichtige Gespräche. Der Fünfjährige erzählt am liebsten von den Streichen, die seine Schwester ausführte. Er fühlt sich über diese Streiche ganz eng mit seiner Schwester verbunden."*

Wichtig ist dabei, daß wir den verstorbenen Menschen nicht idealisieren, sondern versuchen, ihn mit all seinen schönen und auch schwierigen Seiten, möglichst so wie er war, in Erinnerung zu behalten.

– Erleichternd ist, wenn *keine weiteren zusätzlichen Veränderungen* hinzukommen. Wenn es möglich ist, nicht den Wohnort oder die Schule zu wechseln. Diese unveränderten Bezugspunkte geben den Kindern – und auch den Erwachsenen – Halt. Reginas Erfahrung ist folgende: *„Für den kleinen Bruder, der das Zimmer mit seiner Schwester teilte, ist es ganz besonders wichtig, daß an dem Zimmer nichts verändert wird. Also bleibt es zwei Jahre lang unverändert, dann erst darf es renoviert werden. Und das Stockbett, in dem er und seine Schwester schliefen, muss weiterhin dableiben.“*

– Die Kinder werden anfangs vielleicht *Verhaltensweisen des verstorbenen Geschwisters oder Elternteils übernehmen* oder Kleidungsstücke von ihnen tragen. Sie fühlen sich so mit dem anderen verbunden und nahe.

„Gerne zieht der Fünfjährige Kleidungsstücke von seiner Schwester an, die ihm gefallen, und seit ihrem Tod schläft er in ihrem Bett. Oft versucht er mit großer Anstrengung ‚so schön wie seine Schwester zu malen‘. Und für einige Zeit beteiligt er sich sehr gerne an der Grabpflege, was ihn nach einer bestimmten Weile überhaupt nicht mehr interessiert.“

– Kinder brauchen auch *außerhalb der Familie liebevolle Menschen,* die zuhören können, die da sind, die begleiten und für Fragen offen sind. Der Ausdruck ihrer Trauer sucht vielleicht ganz andere Möglichkeiten als in den häuslichen Angeboten. Gerade Freunde, Gleichaltrige oder auch Personen, die in einem etwas entfernteren Verhältnis zur Familie und zum Verlust stehen, können wichtige Ansprechpartner sein.

Für den zehnjährigen Sohn von Regina war es belastend, daß er am Anfang in der Schule immer wieder neugierig von Mitschülern gefragt wurde, ob und wie denn nun seine Schwester gestorben sei. Er wollte er selber sein und nicht der Bruder der verstorbenen Schwester. Der häufige Besuch seines Freundes tat ihm sehr gut. Die beiden Jungen sprachen miteinander über die Fragen des Todes, und ob es ein Leben nach dem Tod gibt.

Wenn ein Elternteil gestorben ist, ist es außerordentlich wertvoll, wenn sich gute Freunde der Eltern auch einzeln um die Kinder kümmern, vielleicht ein guter Freund, wenn der Vater gestorben ist, oder eine nahe Freundin beim Tod der Mutter. Kinder brauchen zur eigenen Identitätsfindung aber auch die Begegnung mit Erwachsenen des anderen Geschlechts.

Wichtig ist es, weiterhin auch mit vollständigen Familien zusammen zu sein, ebenso wichtig wie das Zusammensein mit Familien in vergleichbarer Situation. Der gegenseitige Austausch ist hier eine wesentliche Hilfe, und die Kinder erfahren: ‚Auch in anderen Familien ist der Papa gestorben. Wir sind nicht die einzigen.'

– Es ist sicherlich eine schwierige Entscheidung, *wieviel wir von unserer eigenen Trauer den Kindern mitteilen und zumuten.* Zum einen belastet es sie, wenn wir als Elternteil ganz verschlossen in unserer Trauer oder Depression sind, und sie uns gar nicht mehr erreichen können. Zum anderen kann es zu schwer für sie sein, wenn sie die Wucht und die Tiefe unseres Schmerzes erfahren. Dies kann sie so verunsichern, daß sie sich Sorgen um uns machen, und sie bekommen dann das Gefühl, daß sie nun um unseretwillen stark sein müssten. Sie können nicht mehr ihre eigene Trauer zulassen und verhärten innerlich.

– *Wenn ein Kind gestorben ist,* sind Eltern vielleicht mit all ihrer Zuneigung bei dem verstorbenen Kind und vergessen die Kinder, die noch da sind. Das lebende Geschwisterkind fühlt sich verunsichert und fragt sich, ob es überhaupt noch geliebt wird. Es braucht in dieser Situation ganz besonders die Liebe der Eltern.

– Beim Tod eines Elternteils entstehen für Kinder Ängste: *„Was wird mit mir, wenn die Mutti nun auch noch stirbt?"*

Diese existentielle Angst aufzugreifen ist wichtig, auch wenn Eltern sie vielleicht lieber beschwichtigen und verdrängen würden. Aber die Kinder haben ja erlebt, daß ein Elternteil plötzlich und völlig unerwartet sterben kann. Es ist gut möglich, mit den Kindern zu besprechen, bei wem sie dann gerne leben würden.

Geschwister haben auch oft Angst, getrennt zu werden.

Wichtig kann für Kinder auch die wirtschaftliche Versorgung sein. Je nach Alter und Reife kann man ihnen klarmachen, daß für den Notfall ausreichend gesorgt ist, oder wir benennen eine zuverlässige, vertraute Person, die ganz sicher für sie sorgen würde.

Diese Themen und Fragen sollten wir aber von den Kindern her kommen lassen und sie nicht mit Gedanken belasten, die sie selber nicht haben.

– Besonders in der *Zeit der Pubertät* sollten Erwachsene verstehen, daß es den Jugendlichen häufig nicht möglich ist, sich dem Thema ‚Sterben – Tod' zu öffnen. Alles in ihnen strebt nach der Entfaltung des eigenen Lebens, richtet sich auf die Zukunft und die Verwirklichung und Erfüllung von Wünschen und Zielen. Andererseits erleben Jugendliche in manchen Phasen dieser schwierigen Entwicklungszeit Todeswünsche, die sie beunruhigen, oder sie haben Mühe, das Leben als sinnvoll und lohnend anzunehmen. In dieser eigenen Belastung und Spannung verschließen sie sich den Eltern und möchten sich nicht Älteren anvertrauen.

Und zum Schluß: **Wir werden als Erwachsene, die Kinder begleiten wollen, nicht immer hilfreich sein,** wir werden Fehler machen, wie wir auch vor dieser Zeit Fehler gemacht haben. Wichtig ist, daß die Kinder unsere Liebe spüren.
Und: Es gibt auch später noch viele Wege der Verarbeitung. Die Kinder selbst geben die Signale, wann sie den Weg der Auseinandersetzung beginnen; vielleicht mit fünf, vielleicht aber auch erst mit fünfundzwanzig.

Wie erleben Kinder den Tod? – Neue Wege und Möglichkeiten miteinander finden

Hier begegnet uns eine Frage, die unzählige weitere Fragen nach sich zieht. Wie Kinder auf den Tod reagieren, hängt von vielen Faktoren ab: Die Einstellung der Eltern zu Sterben und Tod spielt eine Rolle, das Alter des Kindes, die Beziehung zu dem Verstorbenen, die Art des Todes, frühere Erfahrungen mit dem Tod und auch die religiösen Vorstellungen.

Erwachsene haben häufig Angst vor dem Tod und versuchen Kinder davor zu schützen. Über das Sterben und den Tod wird nicht im Beisein von Kindern gesprochen. Das Schweigen verunsichert die Kinder, sie spüren die Furcht der Erwachsenen und übernehmen sie. In ihnen entstehen Phantasien, die vielleicht viel bedrohlicher sein können als die Wahrheit. Das Kind bleibt mit seinen Vorstellungen alleine. Halbwahrheiten wie zum Beispiel ‚der Vater hat sich zur Ruhe gelegt oder ist eingeschlafen', können die Ängste zusätzlich verstärken. Das Kind fürchtet sich, sich abends schlafen zu legen, weil es diesen Vorgang dann mit dem Tod verbindet.

Es ist sinnvoll, daß Kinder erfahren, daß nicht jede Krankheit zum Tod führt, sondern nur einige wenige.

Aber Kinder haben viele und verschiedenste Fragen über Leben, Sterben und Tod. Es sind ebenso viele Fragen, wie es unterschiedliche Kinder und Situationen gibt. Manche bleiben verborgen, werden verschwiegen oder kommen ganz unvermittelt heraus. Oft werden wir selber keine Antworten haben oder finden können. Einige Antworten sind solche für Erwachsene, die schwer übersetzbar und unpassend sind für gerade das Kind, das gefragt hat.

Die Fragen von Kindern sind häufig sehr konkret, sehr direkt und damit manchmal auch für uns bedrohlich, weil sie uns mit unseren eigenen verborgenen Ängsten konfrontieren:

- „Erstickt der Onkel denn dann nicht, wenn jetzt der Sarg zugemacht wird?"
- „Was passiert denn mit dem Toten in der Erde?"
- „Wo sind denn die Toten jetzt?"

Wenn Kinder diese Fragen stellen, spüren wir deutlich, daß wir hier weder eine oberflächliche noch unaufrichtige Antwort geben dürfen. Denn Kinder haben ein sehr feines Gespür für die Aufrichtigkeit und Tiefe unserer Antworten. Es ist gut, daß die Kinder diese ganz konkreten Fragen stellen können. Möglicherweise wird uns mit der Direktheit der Kinderfragen bewußt, wie vage oder wenig tragfähig unsere eigenen Antworten sind.

Viele von uns verfügen über Antworten, die sie aus der Überlieferung traditioneller Religionen übernommen haben. Für manche sind es sichere und verläßliche Glaubenssymbole, für andere mögen es aber auch Bilder und Worte sein, die sich als nicht tragfähig erweisen. Die Worte, die Erwachsene benutzen – ‚Himmel', ‚Ewigkeit', ‚ewiges Leben', ‚jüngstes Gericht', ‚Auferstehung von den Toten', ‚Jüngster Tag' – haben sich für sich selbst vielleicht gar nicht mit tatsächlichen Inhalten gefüllt. Sie spüren dann, daß sie in dieser Weise nicht an fragende Kinder weitergegeben werden dürfen.

Uns erscheint in solchen Situationen das Eingeständnis: ‚Ich weiß es eigentlich auch nicht so recht', oder ‚Ich kann mir das auch nur schwer vorstellen', oder ‚Ich habe dafür auch keine wirkliche Antwort gefunden' ehrlicher und für das Kind letztendlich verständlicher und annehmbarer.

Wenn wir als Erwachsene dem Kind Zeit lassen, selbst auf die Fragen zu antworten, wenn wir auf seine Vorstellungen und Phantasien hören, wird es sogar häufig so sein, daß wir, die Erwachsenen, staunend vor den einfachen und tiefen Antworten und Erklärungen von Kindern stehen werden.

Vielleicht werden wir sogar feststellen, daß in manchen Fragen sie es sind, die uns führen und leiten können, wenn wir ihnen hierzu den Raum geben. Und wir geben ihnen dadurch Raum, daß sie ohne Angst ihre Gedanken aussprechen dürfen, daß sie spüren, daß wir ihnen wirklich zuhören.

Da, wo wir selbst von echten Glaubensüberzeugungen getragen sind, mag es uns vielleicht gelingen, Kindern etwas von dieser Sicherheit zukommen zu lassen. Vielleicht übernehmen sie für einige Zeit die angebotenen Bilder oder sie empfinden Trost und Geborgenheit, daß die Eltern feste Vorstellungen und Hoffnungen haben.

Viele Menschen haben heute Vorstellungen, die aus den Überlieferungen anderer Religionen kommen oder auch aus den Forschungen, die solches Grenzwissen berühren. Da finden wir:

- Die Vorstellung vom Wesenskern eines Menschen, der auch nach dem Tod in irgendeiner Form erhalten bleibt.
- Bilder von Seelenwanderungen und wiederholten Erdenleben.
- Den Gedanken, daß die Seele oder der Geist in einer Dimension jenseits von Zeit und Raum weiterlebt.
- Sehr konkrete Vorstellungen eines Lebens nach dem Tode in Form von ‚geistigen Existenzen'.
- Erkenntnisse, Bilder, Vorstellungen über das Wesen einer geistigen Welt.
- Der Glaube, daß der gestorbene Mensch in Gott, in das Licht, die Ewigkeit oder Unendlichkeit eingeht, ohne daß damit ein konkretes Bild verbunden ist.

Andere Menschen lehnen es für sich ab, an eine Fortsetzung dieses Lebens in einer anderen Art zu glauben. Für sie hat das ‚Nichts' die letzte Gültigkeit. Da mag es dann geschehen, daß ein Kind sagt: ‚Nichts? – Das Nichts kann ich mir aber gar nicht vorstellen!'

Für die meisten Erwachsenen und auch für die meisten

Kinder gibt es ein Grundgefühl, einen Glauben oder auch die persönliche Erfahrung, daß eine Verbindung zwischen den Verstorbenen und denen, die hier auf der Erde leben, besteht.

Wir halten es für wichtig, daß der Erwachsene Kindern nicht eine Vorstellung anbietet, ‚nur um zu trösten' oder um sich dadurch aus der schwierigen Situation zu befreien. Es geht aber auch nicht darum, Kindern die eigenen Vorstellungen und Bilder aufzudrängen.

Vielleicht wird es uns möglich, im Austausch und Gespräch mit den Kindern und Jugendlichen, sie auf dem Weg zu ihren eigenen Überzeugungen zu begleiten. Auf diesem Weg werden wir lernen müssen, wann es richtig ist, Fragen zu stellen, auf Fragen zu antworten, zu schweigen, oder auch zuzugeben, daß wir etwas einfach nicht wissen.

Wir möchten Sie ermutigen, sich auf dieses Geschehen einzulassen und vielleicht gerade auch Ihre Betroffenheit, Ihre Hoffnungen und Ihre eigene Tiefe in diesem Thema mit anklingen zu lassen.

Die den Kindern eigene Natürlichkeit und Unbefangenheit beim Umgang mit dem Thema kann uns besonders deutlich werden, wenn wir Kinder im Gespräch miteinander erleben. In dem aufgezeichneten Zwiegespräch zwischen Senna und Eric erfahren wir vielleicht etwas von dieser Direktheit und der lebendigen Leichtigkeit, die Kindern auch in Erlebnissen mit dem Tod möglich ist:

Eric und Senna
Es ist ein heißer Julisommertag. Eric und Senna sitzen auf den Brettern der Schaukel, ganz verschwitzt, die Sonne brennt in den Hinterhof. Für einen Moment lang ist es still, nicht einmal Vögel sind in der Hitze zu hören. Eric malt mit seinem Turnschuh einen Kreis vor sich in den Staub und sagt dann zu Senna.

„Ziemlich heiß, hm? Bin richtig schlaff! Hast du ‚ne Idee, was wir machen könnten?"

Senna: „Ja, ziemlich langweilig, mir fällt auch nichts Rechtes ein ...“
Eric: „Ach du ...“ er zögert einen Moment lang „na ja, ich könnt‘ dir was zeigen.“
Senna, plötzlich neugierig: „Was denn?“
Eric: „Ich hab gestern was gefunden. Vielleicht ist es noch da.“
Senna: „Wie, gefunden? Einfach so? Etwas Tolles, Wertvolles?“
Eric: „Nee, nicht so was, was ganz anderes ...“
Senna: „Was Schlimmes? Das will ich lieber nicht sehen, nee, da habe ich Angst.“
Eric: „Ach, stell dich nicht so an. Komm ich zeig‘s dir, dort hinten im Hof bei den Waschküchen.“
Senna rennt schon mit ihm los, wendet aber noch ein: „Aber nur, wenn das nichts Böses ist.“
Eric: „Ach was, was ist denn was Böses ... nein, ich versprech dir, es ist nichts Schlimmes, komm schon!“

Die beiden rennen miteinander den staubigen Weg entlang bis zur Biegung, wo es zu den Waschküchen geht.
Eric: „Da!!!“
Senna: „Huuu ... was ist das denn – eine tote ..., iih.“
Eric: „Stell dich nicht so an, das ist ein toter Vogel, kennst du denn das nicht?“
Senna: „Nee, ist der denn ganz tot, richtig mausetot?“
Eric: „Na klar, seit gestern schon liegt er da.“
Senna: „Der sieht aber so groß aus, bist du denn sicher, daß der tot ist, die sind nämlich gefährlich.“
Eric: „Ach, du hast immer Schiß bei so was, das ist eine Amsel – glaube ich – die ist tot, guck mal, da kann man sogar die kleinen Zähne sehen, da ... im Schnabel die kleinen Zähnchen ...“
Senna: „Mensch, stocher’ doch da nicht so rum, das tut der doch weh!“
Eric: „Du verstehst aber auch gar nichts. Wenn man tot ist,

ist man tot, dann tut einem überhaupt nichts mehr weh ...“
Senna: „Du meinst, da würde einem gar nichts mehr weh tun, auch nicht, wenn ich dich so kneifen würde, wenn du tot wärst?“ Senna lacht leise bei dem Gedanken, daß sie Eric dann endlich mal kneifen könnte, aber gleich darauf erinnert sie sich wieder und ist ganz ernst.
Eric: „Nein, tot ist, wenn man nichts mehr fühlt, und tot ist, wenn man so ganz steif daliegt, guck, so wie der, der streckt einfach seine Füße nach oben und ... und ist einfach tot.“
Senna (heftig): „Aber trotzdem darfst du nicht so an ihm herumstochern ... der hat doch gelebt ... das darf man dann nicht, da muß man vorsichtig mit sein.“
Eric: „Jaa, aber guck mal hier die kleinen Augen, kannst du die sehen, die gucken noch wie echt.“
Senna: „Das stimmt, das ist richtig unheimlich, als würd der uns angucken ...“
Beide Kinder sind für einen Moment betroffen und etwas verwirrt.
Eric: „Nein, ich glaub' der guckt nicht mehr, aber mir ist auch ein bißchen unheimlich.“
Senna: „Und was machen wir denn jetzt mit ihm, du?“
Eric: „Ha, ich hab auch schon gedacht ... wir könnten ihn ja in die Mülltonne tun.“
Senna (entrüstet): „Mülltonne, du bist einer, möchtest du denn, wenn du tot bist, einfach in die Mülltonne gesteckt werden?“
Eric: „Nee, das möchte ich nicht, aber was tun wir dann mit ihm? Oder sollen wir einfach einen Stein drauf legen?“
Senna: „Das ist auch keine gute Idee, ich möchte auch nicht wenn ich mal tot bin, daß da einfach jemand einen Stein auf mich legt ...“
Einen Augenblick stehen beide unschlüssig herum.
Senna: „Meinst du, das war schwer für die Amsel, das Sterben?“
Eric: „Vielleicht schon, vielleicht hat sie Gift gefressen ... weil, guck mal, die hat auch so einen dicken Bauch –“

Senna: „... Und dann hat sie ganz arg Bauchweh gekriegt, wie ich bei meinem letzten Geburtstag, da hatte ich nämlich zu viel Kuchen gegessen, das tat vielleicht weh, sag ich dir. Meinst du, das war bei ihr auch?“
Eric: „Ja so ähnlich, schon, oder ... ich weiß auch nicht, warum stirbt denn überhaupt etwas?“
Senna unterbricht ihn wieder ganz aufgeregt: „Oder die Katze war da und hat sie ...“
Eric (ärgerlich): „Nee, Quatsch, das würde man doch sehen, da hätte sie Bißspuren und außerdem fressen Katzen dann die Vögel.“
Senna (kleinlaut): „Na ja, vielleicht war die Katze ja satt!“
Eric: „Ja also, was machen wir denn jetzt?“
Senna: „Hm, ich finde, man begräbt jemanden, der gestorben ist, bei Menschen begräbt man die Toten doch, die kommen dann in die Erde ... aber ich weiß nicht, so unter die Erde, da kriegt man doch keine Luft mehr und da ist es auch kalt und dunkel und überhaupt ganz ungemütlich, da hätt ich Angst!“
Eric: „Du meinst, ein Grab machen, so wie damals für meine Großmutter auf dem Friedhof?“
Senna: „Ja, genau.“
Eric: „Weißt du, bei meiner Großmutter, da hab ich immer gewartet, weil ich dachte, die legen da jetzt noch eine Röhre in das Grab, damit sie Luft bekommt, du weißt schon, so ähnlich wie mit einem Schnorchel unter Wasser. Aber die haben nix gemacht, und dann hatte ich Angst und hab meinen Vater gefragt. Und der hat mir gesagt, die Toten, die brauchen nicht mehr zu atmen, die brauchen keine Luft mehr.“
Senna: „Das stimmt, die sind dann ja auch tot, das stimmt schon. Aber wo sind denn die Toten eigentlich?“
Eric: „Du meinst der Vogel, na ja, der liegt ja jetzt hier, das siehst du doch.“
Senna: „Nein, das mein ich nicht, ich meine ... die Amsel, die mal lebte, die rumflog und fraß und manchmal lustig

war und manchmal ... vielleicht, na ja, sich Sorgen machte, vielleicht um ihre Kinder, oder so ... !“

Eric: „Also das finde ich jetzt schwierig. Du meinst, in der Amsel ist noch ‚ne Amsel? Oder wie?“

Senna: „Na, ich meine, das ist ja nur der tote Körper, und da muß ja noch was sein ... das kann doch nicht einfach weg sein!“

Eric: „Hm? Also bei meiner Großmutter, da hat meine Mutter gesagt, die ist jetzt im Himmel ...“

Senna (prustet laut heraus): „Himmel? Na, wie kommen denn die Toten da rauf, das erklär mir mal, mit dem Fahrstuhl etwa, oder wie?“ Senna lacht laut, Eric aber guckt verletzt zur Seite.

Senna lenkt ein: „Nein, du das glaube ich nicht, das ist so ähnlich wie mit dem Weihnachtsmann. Das stimmt ja auch nicht.“

Eric: „Nein anders ... meine Mutter hat gesagt, die ‚Seele‘, die wär in den Himmel gegangen, ja so war es, die Seele von meiner Oma ist in den Himmel gegangen ...“

Senna (nun doch nachdenklich): „Ja, vielleicht ist das, was da in der Amsel war, was da lebte ... und du meinst die ganzen Seelen, von allen Sachen, die gehen alle in den Himmel, und die sind dann jetzt alle da oben und die gucken jetzt vielleicht hier herunter ... Und wenn die Vogelseele uns jetzt zuguckt, die würde sich sicher freuen, daß wir über sie reden und würde wollen, daß ihr Körper beerdigt wird.“

Eric (entschlossen): „Also komm, dann machen wir ein kleines Grab, da hinten an der Wiese, da ist die Erde nicht so fest. Ich hole eine Schaufel aus der Waschküche, und du ...“

Senna: „Ich suche kleine Steinchen, die legen wir dann außen rum, das wird dann ein richtiges Grab, wie auf dem Friedhof, oh ja, und ...“

Senna und Eric sausen in verschiedene Richtungen los, um die Sachen zu holen. Nachdem Eric ein richtig tolles Loch mit der Schaufel herausgehoben hat, sagt er:“ Soooo,

puuuh, war das anstrengend, meinst du, es ist jetzt tief genug?"
Senna: „Ja, ich glaub schon. Und wer holt jetzt den Vogel herüber? Faßt du den denn an? Das wär mir zu gruslig."
Eric: „Na ja, da sieht man's wieder. Aber laß mal, ich hol ihn auf der Schaufel."
Senna: „Aber Vorsicht."
Eric: „Jaaaa ... und du, hol noch ein bißchen Gras, da machen wir es ihm schön in seinem Grab."
Nachdem die Amsel nun in dem kleinen Vogelgrab liegt, decken die Kinder sie noch mit Gras zu und Eric schaufelt dann wieder die Erde oben drauf.
Senna: „So, nun hole ich noch eine Blume und dann machen wir eine richtige Beerdigung, und du, du machst den Pfarrer, den Beerdigungspfarrer."
Eric: „Ja, die Toten, die kriegen auch ganz viele Blumen auf das Grab, ach ja, jetzt sieht das richtig schön aus ..., aber trotzdem ... tot sein möchte ich nicht, ich kann mir das auch gar nicht vorstellen."
Senna: „Nein, richtig denken kann ich das auch nicht. Aber vielleicht kann das niemand, weil wir ja jetzt nicht tot sind, das können wir wahrscheinlich erst, wenn wir tot sind. – Also du machst jetzt den Pfarrer und ich, ... ich bin die Amselfamilie, die kommen alle zur Beerdigung und die weinen alle und sind ganz traurig."
Eric: „Also gut", er verstellt seine Stimme und spricht ganz tief, „liebe Trauergemeinde, unsere liebe Amsel ist verstorben, und wir haben sie nun beerdigt und ihre Seele hat dabei vielleicht zugeschaut ...", Senna nickt für alle Familienangehörigen, „leider hat sie nur ein kurzes Leben gehabt, aber, sie wird ja immer weiter leben, ... und ... nun ist die Trauerfeier beerdigt" – Eric hustet schnell, weil er sich versprochen hat – „beendet, meine ich natürlich."
Senna: „Hu hu hu heul hu hu, du bist aber schnell, ich bin aber noch immer traurig, das kann man doch nicht so schnell machen!"

Eric: „Na ja, liebe trauernde Trauergemeinde, das können Sie ja auch noch weiter zu Hause machen – ich meine das Weinen, – da haben Sie ja noch Zeit, und da können Sie sich dann auch immer in den Arm nehmen, so lange, bis keine Trauer mehr da ist, und dann, dann sind Sie wieder miteinander lustig. Und jetzt Amen."
Senna: „Na ja, gut, ich hab jetzt auch keine Lust mehr, immer nur traurig zu sein. – Das haste aber toll gemacht, Eric, ich glaub', die Amsel wird sich freuen."
Eric: „Ja, nicht, wie ‚ne richtige Beerdigung!"
Senna: „So jetzt gehen wir aber, ich hab dollen Hunger gekriegt. Ich glaub, ich geh gleich nach oben und esse was ... Tschüß, Eric."
Eric: „Ja, bis morgen, tschüüüß!"

(Erzählung von L. Bickel und D. Tausch-Flammer)

Die Vorstellungen vom Tod in verschiedenen Altersstufen

Die verschiedenen Antworten, die Kinder finden, sind Antworten eines bestimmten Alters und einer bestimmten Entwicklungsstufe. Denn die inneren Bilder der Kinder und Jugendlichen vom Tod und damit auch ihre Reaktion auf den Tod eines Menschen werden stark von ihrem Alter beeinflußt. Wir möchten eine kurze Übersicht geben, wie Kinder in den verschieden Altersstufen den Tod erleben; dabei sind wir uns bewußt, daß diese Vorstellungen sehr unterschiedlich sein können und auch von der Einstellung der Eltern abhängig sind.

– *Kinder unter 3 Jahren* können den Tod noch nicht begreifen. Sie haben keine Vorstellung vom Tod. Sie sprechen über Tote, als seien diese noch am Leben. Tod bedeutet für sie Abwesenheit für eine kurze Zeit. So tröstet die dreijährige Maria nach dem Tod ihres Vaters ihre Mutter: *„Papi* *kommt gleich heim. Papi ist im Geschäft"*, und sucht ihn überall.

– *Kinder zwischen 3-5 Jahren* beginnen langsam, Äußerungen über Sterben und Tod zu machen. Sie wollen den Tod erforschen. Gertrud erzählt von ihrem Erleben als kleines Kind: *„Ich bin auf dem Dorf aufgewachsen und da war eigentlich der Tod immer dabei. Wir wußten ja immer, wenn jemand starb. Am Ende der Dorfstraße hatten wir ein ‚Leichenfenster'. Ja, das war so ähnlich wie ein Schaufenster und dahinter waren die gerade Verstorbenen dann ausgestellt. Und ich weiß noch, daß wir uns das als Kinder immer ganz genau und mit viel Neugierde ansahen, und manchmal sah der Tote schon sehr fremd aus. So weiß im Gesicht."*

Es ist eine Zeit, in der viele Fragen gestellt werden. Tod ist aber etwas, was den anderen zustößt. Tod wird noch als ein vorübergehender Zustand verstanden. Der Tote lebt auch für sie noch. Ist ein Familienmitglied gestorben, können dadurch alltägliche Ängste intensiviert werden: Angst vor der Dunkelheit, Angst vor dem Alleinsein. Es kann sein, daß die Kinder für einige Zeit auf eine Kleinkindstufe zurückfallen.

– *Für Kinder zwischen 5-9 Jahren* wird der Tod realistischer, aber ganz können sie ihn nicht begreifen. So legt der Bruder, als er sich ein letztes Mal von seiner verstorbenen Schwester in der Aufbahrungshalle verabschiedet, ihr die Hand auf, in der Hoffnung, wie Jesus die tote Schwester wieder zum Leben erwecken zu können. Der Tod ist für Kinder in diesem Alter mit dem Gefühl der Trennung und des Schmerzes verbunden. Häufig personalisieren sie den Tod als Knochen- oder Sensenmann. Max Frisch schreibt:

Heute fragt Ursel, unsere Sechsjährige, mitten aus dem Spiel heraus, ob ich gerne sterbe. „Alle Leute müssen sterben", sage ich hinter meiner Zeitung: „Aber gern stirbt niemand."

Sie besinnt sich: „Ich sterbe gern!"

„Jetzt?“ sage ich: „Wirklich?“

„Jetzt nicht, nein, jetzt nicht –.“

Ich lasse die Zeitung etwas sinken, um sie zu sehen, sie sitzt am Tisch, mischt Wasserfarben.

„Aber später“, sagt sie und malt mit stiller Lust, „später sterbe ich gerne.“ (Max Frisch, *Vom Sterben*)

– *Kinder von 10-14 Jahren* erkennen den Tod als abschließendes und unausweichliches Ereignis im Leben. Der Tod bedeutet für sie jetzt definitiv Trennung, Liebesverlust und Endgültigkeit. Bei dem Tod eines nahen Angehörigen reagieren sie leicht mit körperlichen Symptomen, wie Müdigkeit, Kopf- oder Bauchschmerzen oder Schwindelgefühlen.

Die unterschiedlichen Reaktionen der Kinder auf den Tod verschiedener Personen

Stirbt *ein Elternteil* in der Familie, so sind die Kinder sehr verunsichert. Sie haben Fragen und Ängste: „Wer versorgt uns denn dann?" – „Was geschieht mit uns, wenn dir nun auch noch etwas passiert?". Sie fühlen sich in ihrer Sicherheit und Geborgenheit bedroht. Manchmal versuchen sie auch, den Elternteil zu ersetzen, besonders der Sohn beim Tod des Vaters und die Tochter beim Tod der Mutter. Damit bleibt ihnen aber nicht genug Raum für ihre Trauer, sie verlieren das Kindsein, werden früher, als es ihrem Alter entspricht und für sie gut wäre, erwachsen. Oft bindet der dann alleinerziehende Elternteil die Kinder zu sehr an sich. Das Kind wird dadurch zum Ersatzpartner und ist damit überfordert.

Beim Tod eines *Geschwisterkindes* fühlen sich die noch lebenden Kinder häufig allein gelassen. Die Eltern sind mit ihrem Schmerz und der Trauer um das gestorbene Kind beschäftigt und können sich den anderen Kindern nicht mehr so zuwenden. Oder sie ziehen Vergleiche: *„Deine Schwester konnte das aber viel besser“* – *„Dein Bruder war viel lieber zu mir und hat immer alles gemacht, was ich gesagt habe“*. Das noch lebende Kind hat dann das Gefühl ‚Der Mutter wäre es wohl lieber, wenn ich gestorben wäre‘ – ‚Mein Vater hat mich gar nicht mehr lieb. Es zählt nur noch der tote Bruder. Wäre ich doch auch tot, vielleicht würden sie dann auch so um mich trauern?‘. Dabei bräuchte das lebende Kind jetzt besonders viel Zuwendung, weil es viele auch gegensätzliche Gefühle hat: Einerseits vermißt es den Bruder oder die Schwester, andererseits ist es vielleicht erleichtert, daß er oder sie endlich gestorben ist. Dies ist häufig vor allem dann der Fall, wenn der Bruder oder die Schwester über lange Zeit durch eine Krankheit im Mittelpunkt gestanden hat, oder wenn eine starke Rivalität zwischen beiden herrschte.

Durch diese Erleichterung über den Tod entstehen aber auch Schuldgefühle. So fühlt sich das Geschwisterkind zwischen Schmerz, Trauer, Erleichterung, Schuldgefühlen und auch Wut hin- und hergerissen. Es ist damit allein, denn die Eltern sind zu sehr mit sich beschäftigt, und Außenstehende trösten meist nur die Eltern und nehmen nicht wahr, daß auch die Kinder den Bruder oder die Schwester verloren haben.

Als Eltern können wir uns vielleicht schwer vorstellen, welche Bedeutung ein *Großelternteil* und damit auch sein Tod für Kinder haben können. Es kann sogar sein, daß die Großeltern dem Kind näher standen und ihm mehr Geborgenheit geben konnten, als es uns Eltern in unserer Lebenssituation möglich war. So müssen wir damit rechnen, daß das Kind unter Umständen ganz besonders stark auf diesen Verlust reagiert.

Auf der anderen Seite kann es auch sein, daß das Kind eine weniger enge Beziehung zu dem Großvater oder der Großmutter hatte, als wir es erwartet hätten. Wir nehmen es dem Kind dann leicht übel, daß sie ‚unseren Eltern‘ nicht diese Wertschätzung gaben.

Für manche Kinder mag aber auch der Tod des vertrauten und geliebten *Haustieres,* von Hund, Katze oder etwa von einem Hamster so schmerzlich sein wie der Tod eines Menschen. Dem Haustier konnte das Kind alle seine Sorgen, Wünsche und Ängste anvertrauen, es war ihm oft der nächste Spielgefährte und Gefährte der Einsamkeit.

Hat ein Familienmitglied *sich selbst das Leben genommen,* so fühlen sich Kinder oft besonders schuldig. „Weil ich nicht immer das gemacht habe, was die Mama wollte, hat sie sich das Leben genommen". Wir sollten dem Kind dann immer wieder in Gesprächen zu erklären versuchen, warum der verstorbene Mensch meinte, nicht mehr weiter leben zu können.

Über die Versuchung, den Tod als Druckmittel zu benutzen

„Wenn du nicht rechtzeitig nach Hause kommst, holt dich der schwarze Mann!" Viele von uns haben in ihrer Kindheit diese oder eine ähnliche Drohung gehört. Immer wieder erfahren wir, daß sich Menschen bis ins Alter mit dieser Art von angstmachenden Gefühlen auseinandersetzen, weil sie Angst- oder Schuldgefühle in ihnen hinterlassen haben.

Wie sahen diese Äußerungen aus, die wir als Signale des Zorns von unseren Eltern erfahren haben? Da gibt es die milderen Formen: *„Wenn du nicht aufißt, kommst du gleich ins Bett".* Oder: *„Wenn du nicht artig bist, können wir dich nicht mit in den Urlaub nehmen".* Bereits solche Drohungen können schon Gefühle der Angst vor Einsamkeit und Verlassensein auslösen.

Wieviel mehr aber werden diese Ängste durch Drohungen hervorgerufen, die in irgendeiner Weise mit dem Sterben und dem Tod zusammenhängen: *„Dann geht die Mami weg und kommt nicht mehr wieder!".* Das Kind fühlt sich existentiell bedroht, weil es um seine Abhängigkeit von der Mutter weiß.

Oder: *„Wenn du nicht aufhörst zu schwindeln, kommst du nicht in den Himmel!"* Und es hat Angst, in die Hölle zu kommen. – Oder: *„Wenn du so schlecht in der Schule bist, hat der Opa im Himmel gar keine Freude mehr an dir und mag dich nicht"*. Das Kind fühlt sich verantwortlich für das Glück oder Unglück des verstorbenen, so sehr geliebten Opas. Es wird durch Schuldgefühle belastet und eingeschüchtert.

Oder eine direkte Todesdrohung, die das Kind unter enormen Druck und Schuldgefühle setzt: *„Du bringst mich noch ins Grab ..."* Oder: *„Wenn ich tot bin, werdet ihr noch sehen, was ihr an mir gehabt habt."* Eine immer gegenwärtige Drohung, die unangreifbar über allen Taten und Handlungen der Kinder schwebt.

Mit der beginnenden Eigenständigkeit von Kindern kann auch eine Zorn-und Trotzreaktion als Abwehr eintreten. Da sagt ein Elternteil: *„Ich sterbe sowieso bald, benimm dich jetzt lieber, sonst wirst du es nachher noch bereuen."* Das Kind oder der Jugendliche denkt und sagt es vielleicht sogar: „Am besten, du stürbest gleich, dann würdest du wenigstens nicht immer an mir rummeckern."

Das mögen nur einige der möglichen Drohungen sein, andere Variationen sind vorstellbar und sicher manchen bekannt.

Die Folgen dieser Einschüchterungen und Androhungen sind tiefe Verletzungen, Schuldgefühle, Ängste, Selbstzweifel und dauernde Selbstkritik, Zorn, Wut oder Aggressionen. Vielleicht übernehmen wir auch als Erwachsene unseren Kindern gegenüber in einer sehr gespannten Situation plötzlich die gleichen Worte und Haltungen, wie wir sie selbst früher als Kinder zu hören bekamen.

Damit wir solche Wunden nicht an unsere Kinder weitergeben, ist es notwendig, sich mit den eigenen Verletzungen und Gefühlen auseinandersetzen und zu versuchen, sich von ihnen befreien. Uns kann es dann möglich werden, dem Kind und Jugendlichen eben nicht mit dem eigenen Tod oder dem anderer oder mit dem Leiden schon Verstorbener zu drohen.

Passiert es uns jedoch einmal, daß wir uns nicht mehr unter Kontrolle hatten, daß wir so wütend und ohnmächtig waren und irgendeine dieser Drohungen ausgesprochen haben, dann sollten wir versuchen, mit dem Kind oder Jugendlichen darüber ins Gespräch zu kommen. Wir können ihm auf eine verständliche und nicht anschuldigende Art erklären, was in uns vorging, was unsere Gefühle waren, daß das Gesagte nicht der Wahrheit entspricht, und wir können uns für unser Verhalten entschuldigen. Das Kind kann uns verstehen und wird von seiner ohnehin oft vorhandenen Angst entlastet. Eine solche ehrliche Begegnung mit dem Kind kann uns näher zueinanderbringen, und es gewinnt die Einsicht: ‚Das Leben ist sehr wertvoll, jeder einzelne Mensch ist kostbar, und es ist schön, daß es dich und mich gibt'. Wir sind dann dankbar für das Geschenk des Miteinander, auch wenn wir es nicht immer leicht miteinander haben.

Die dunklen und grausamen Bilder

In der Vorstellungswelt der Kinder begegnen wir auch den grausigen und angstmachenden Bildern. Woher kommen sie? Nun, es wird viele verschiedenartige Antworten darauf geben. Da mag es reale Erlebnisse gegeben haben:

- der kleine ausgedörrte Tierschädel im trockenen Flußbett
- die elend an einem Gift sterbende Katze im Nachbargarten
- gruselige Berichte und Erzählungen von anderen Kindern
- die Erfahrung mit dem Sensenmann in Märchen und Bildern und, gerade in unserer heutigen Zeit,
- die vielfältigen grausamen und erschreckenden Bilder, die uns über die Medien erreichen.

Nur begrenzt wird es Eltern möglich sein, ihre Kinder vor diesen Bildern zu schützen. Wenn sie nun fragend und erzählend zu uns kommen, wie sollen wir ihnen begegnen?

Zunächst einmal können wir ihr Vertrauen zu uns spüren, das es ihnen möglich macht, sich mit ihren quälenden Fragen an uns zu wenden. Ganz sicher wäre es aber keine Hilfe, ihnen die Fragen ausreden zu wollen. *„Ach, das hast du dir nur eingebildet, vergiß es!“*, oder: *„na ja, so ist das halt. Geh jetzt wieder spielen!“*, oder *„ich habe jetzt wirklich keine Zeit für so etwas!“*

Vielleicht müssen wir ehrlich feststellen, daß wir selber diese schwierigen und schwer anzunehmenden Bilder gerne umgehen würden. Für die Kinder ist es noch viel schwerer, mit ihnen allein zu bleiben.

Auch bei dieser Thematik wird es manchmal so sein, daß wir keine Antwort, keinen beruhigenden Trost finden. Möglich ist uns vielleicht, trotz unserer Hilflosigkeit mit den Kindern vielleicht in einer körperlich nahen Atmosphäre über das Erlebte zu sprechen, sie einfach erzählen und nicht allein mit ihren ‚Ungeheuern‘ zu lassen.

Wir können auch das von den Kindern Beobachtete einfach mit Erklärungen ergänzen, so daß es als ein natürlicher Prozess des Lebens verstanden werden kann. *„Weißt du, ein Skelett ist eigentlich etwas Wunderbares ... stell dir vor, diese vielen vielen kleinen und großen Knochen machen es möglich, daß Tiere und Menschen gehen, stehen und sich bewegen können“*.

Tod und Teufel – Himmel und Hölle

Nico: „Du, Omi, gibt es eigentlich eine Hölle?“
Großmutter: „Ach, Nico, was redest du denn da ...“
Nico: „Doch, sag schon: ja oder nein?“
Großmutter: „Also, ich find‘ das eine komische Frage, wie kommst du denn drauf?“

Nico: „Na ja, ich habs mal gelesen, und heute, da hat der Herr Schrag, du weißt schon, der in der Schule, wir nennen ihn den ollen Schreck, der hat gesagt, es gibt eine Hölle, weil sie ... ach, ich hab's vergessen, das war so ein komisches Wort. Also die da hinkämen, müßten schrecklich leiden. Du, Omi, da will ich nicht hin, auf keinen Fall ... ja, und dann hat ihn die Erika gefragt, ob das auch stimmt ..."
Großmutter: „Und was hat er da gesagt?"
Nico: „Er hat gesagt, so wie es einen Himmel gäbe, so gäbe es auch ein Hölle, und die Engel, die hätten wir ja lieb, und in der Hölle, da seien die Teufel, und die guten Menschen, die kämen eben in den Himmel." Nico weint inzwischen. „Wo ist denn dann der Großpapa, der arme, arme Großpapa?"
Nico wird plötzlich wütend und sagt laut und trotzig: „Ich will so was Doofes aber nicht, ich will keine Hölle und keinen Teufel und so, die Engel und den Himmel und so will ich auch nicht."
Großmutter: „Ach, mein Nicolino, komm mal her ... Das hat dir ja ganz arg weh getan, wo du den Großvater doch so lieb hast." Sie nimmt Nico auf den Schoß, er schmiegt sich an sie wie ein ganz kleines ängstliches Kind und weint erst einmal.
Nico: „Ja, ich find den ollen Schreck ganz doof, der hat mir vielleicht einen Schrecken eingejagt ..."
Beide lachen laut und erleichtert miteinander. Nico beruhigt sich langsam vom Lachen und Weinen und sagt dann: „Großmutter, jetzt mußt du mir das aber ganz genau erklären, das mit dem Teufel und so, und auf alles, was ich dich frage, mußt du mir antworten, aber ganz ehrlich, schwörst Du?"
Großmutter (ernst): „Ach, Nico, schwören kann ich dir das nicht, weißt du, das sind schwierige Fragen, aber ich werde dir sagen, wie ich es mir denke."
Nico: „Und ganz ehrlich?"
Großmutter: „Ja, Nico, ganz ehrlich. Also, du erinnerst dich

doch, in den Märchen, die ich dir vorgelesen habe, da kam ja auch manchmal ein Teufel vor oder der liebe Gott im Himmel ...“

Nico unterbricht sie ganz aufgeregt: „Ja, und Elfen und Zwerge, und der Teufel hatte eine Zange und einen Spieß ...“

Großmutter: „Ja, also, die Menschen, die diese Märchen erzählt und aufgeschrieben haben, die haben sich die Bilder ausgedacht, weißt du, für das Gute und das Böse und für Sachen, die den Menschen passieren können ...“ Die Großmutter stockt und wird unsicher.

Nico: „Du meinst also, Schneewittchen und die sieben Zwerge, die gibt es gar nicht, und die Engel nicht und den Weihnachtsmann auch nicht, und den Nicolaus – wo ich doch meinen Namen von ihm bekommen habe?“

Großmutter (vorsichtig): „Nein, so meine ich das nicht. Manche Sachen, die gibt es oder hat es einmal gegeben, so wie den Heiligen Nicolaus zum Beispiel, und ...“

Nico unterbricht sie ungeduldig: „Also, du meinst alles, was es auf der Erde gibt, das ist wahr, und das gibt es und alles, was so da drüber ist, ich meine im Himmel und so, das haben sich die Menschen ausgedacht?“

Großmutter: „Nein, Nico, so leicht ist es leider nicht. Aber laß es mich noch einmal anders versuchen. Denk dir einmal, du kannst dich doch erinnern, daß du irgendwann einmal ganz wütend warst, ganz zornig, und am liebsten hättest du vor Wut alles kurz und klein geschlagen ...“

Nico unterbricht: „O ja, Oma, und am liebsten hätte ich mit einem Stock überall rumgeschlagen und reingestochen ...“

Großmutter: „Ja, und weißt du noch, dir war damals ganz heiß vor Wut, du kochtest richtig, und deine Augen funkelten vor Zorn, und mit dem Fuß hast du aufgestampft ...“

Nico: „Nee, gar nicht ... aber, na ja, vielleicht ein andermal, aber erzähl weiter, was hat das mit dem anderen zu tun?“

Großmutter: „Ja und der Teufel, das ist so ein Bild für das, was du damals erlebt hast.“

Nico: „Du meinst, ich war das Bild eines Teufels?“
Großmutter: „Das, was du gefühlt hast, das war so, wie man es in einem Bild des Teufels ausdrücken würde.“
Nico: „Also das mit dem Bild, das verstehe ich noch nicht richtig . . .“
Nico denkt nach und es ist eine Weile Schweigen zwischen beiden.
Nico: „Du meinst, du hast doch schon manchmal zu mir gesagt ‚mein Engel‘ und das heißt: „ich war dann ein Engelbild?“
Die Großmutter lacht: „Ja, ein Engelbild, das ist richtig.“
Nico: „Du mochtest mich damals ganz arg, weil ich dir die Milch geholt hatte und dir einen Kuß gegeben habe, deshalb war ich dein Engelbild.“
Großmutter: „Ja, für alles, was böse und häßlich und zerstörend ist, verwendet man manchmal das Bild von einem Teufel oder der Hölle, da ist es dann innerlich so heiß und man fühlt sich gar nicht gut. Und manchmal sind die Menschen so lieb, daß man sie Engel nennt, sie sind dann liebevoll, sanft und fröhlich.“
Nico: „Dann sind die Engel schöne Bilder und die Teufel häßliche und böse. Aber der Großpapa, der war nicht häßlich und böse, der war kein Teufelbild“ und zögernd, „aber wie ein Engel sah er auch nicht aus . . .“
Großmutter: „Ja, Nico, jeder Mensch hat Schönes und Liebes in sich, man könnte es das Engelhafte nennen, und auch Häßliches, Böses, das . . .“
Nico: „Das wäre dann teufelhaft . . .“
Großmutter: „Ja, so könnte man es nennen.“
Nico, aber doch wieder sehr erregt: „Und wo ist denn nun der Großvater, du hast es mir immer noch nicht gesagt, ist er nun im Himmel oder in der Hölle oder . . . vielleicht (triumphierend) in beiden?“
Großmutter: „Ja, genauso. Ich weiß auch nicht genau, wo der Großvater jetzt ist. Aber manchmal denke ich, er ist in dem – wie er eben war. Verstehst du das?“

Nico: „Ja, ich glaube schon, – viel Himmel und ein bißchen Hölle ...“
Großmutter: „Ja, aber du brauchst es dir nicht als Ort vorzustellen, sondern vielleicht so, daß er sich so fühlt, wie er eben ist und sich freut über das, was schön und gut war, und ein bißchen traurig ist über das, was nicht so gut war.“
Nico: „So wie ich auch manchmal!“
Die Großmutter entläßt ihren Enkel von ihrem Schoß: „So mein Schatz, jetzt lauf aber wieder ...“
Nico (stolz): „Ich bin dein Schatzbild und manchmal ...“, er dreht sich halb herum, streckt die Hände und die Finger zu Hörnern auf den Kopf, schaut die Großmutter an und steckt die Zunge ein ganz klein wenig heraus, „und manchmal bin ich ein Teufelbild ... aber nicht in Wirklichkeit!“

(Erzählung von Lis Bickel)

Die Frage nach dem Recht, sich selbst das Leben zu nehmen

„Mama, in der Karlsstraße war die Polizei und die Feuerwehr, da hat nämlich ...“, der Siebenjährige macht eine Pause, *„da ist ein Mann aus dem dritten Stock aus dem Fenster gesprungen, der war tot. Wieso hat denn der das gemacht? Darf man das denn?“*

Oder die sechzehnjährige Pauline sagt zu ihrem Vater: *„Wieso, – Selbstmord finde ich nicht schlimm, das kann doch jeder für sich entscheiden.“*

Wenn wir solchen Bemerkungen, Fragen oder Erzählungen von Kindern und Jugendlichen begegnen, ist es vielleicht, als zuckten wir innerlich zusammen, als bohrte sich ein kurzer, heftiger Schmerz in unser Herz.

Für Augenblicke spüren wir diese tiefste Bedrohung und Verunsicherung, die mit der Möglichkeit, daß Menschen ihrem Leben selber ein Ende setzen, verbunden ist. Etliche

Menschen sind in Krisenzeiten ihres Lebens vielleicht dieser Frage für sich selbst begegnet und haben dann irgendwann einmal in ihrem Leben versucht, eine ‚endgültige' Antwort auf dieses beunruhigende Problem zu finden, wollten vielleicht ein- für allemal ‚sicher' vor diesem Thema sein. Andere stehen dagegen verletzlich und ohne Antwort dieser Frage gegenüber.

Was aber, wenn unsere Kinder oder Jugendlichen in ihrem Suchen nach einer Antwort vor uns stehen? Da haben wir miteinmal eine Verantwortung nicht nur alleine für uns, sondern auch die für unser Kind. Wir können möglicherweise mit einer Antwort – und auch gleichermaßen ohne sie – an einem ganz entscheidenden Punkt richtungsgebend und akzentsetzend für die Kinder sein.

Durch das zunehmende Wissen über seelische Zusammenhänge, Nöte und Probleme von Menschen ist es in den letzten Jahren dazu gekommen, nicht mehr von ‚Selbstmord', sondern von ‚Freitod' oder ‚Suizid' zu sprechen. Die veränderte Einstellung, die sich in dieser Umbenennung ausdrückt, entstand aus dem Bemühen, von einer wertenden, bewertenden und verurteilenden Haltung diesem Thema gegenüber weg zu kommen.

Vielleicht haben wir selbst im engeren oder weiteren Familien- oder Bekanntenkreis erlebt oder erfahren, daß sich ein Mensch das Leben nahm oder nehmen wollte. Dann war uns sicherlich ganz besonders bewußt, in welcher verzweiflungsvollen Situation dieser Mensch war. Wir haben unsere vorher lieblos distanzierte Haltung verloren, die es sich allzu einfach macht, zu urteilen, wenn Menschen sich in so großer Not befinden, daß sie nicht mehr ein noch aus wissen.

Totzdem spüren wir, daß es nicht mit ‚großer Toleranz' getan ist. Es drängen sich uns und natürlich auch unseren Kindern allgemeine Fragen auf:

- „Ist es dem Menschen überhaupt erlaubt, sich selber das Leben zu nehmen?"

- „Habe ich eine Verantwortung Gott oder anderen Menschen gegenüber, mein Leben weiterzuführen?"
- „Wenn ich die Möglichkeit des Freitodes bejahe, welche Konsequenzen hat das für mich, für mein eigenes Denken und auch für mein Verhältnis zu den Menschen, die mit mir verbunden sind?"
- „Wenn ich die Freiheit des Menschen, selber seinem Leben ein Ende setzen zu dürfen, nicht anerkenne, aus welcher Haltung und Begründung heraus?"
- „Bin ich tolerant in dieser Frage, oder halte ich vielmehr Toleranz gerade in dieser Frage für unverantwortlich?"

Es sind dies Fragen, die wohl für niemanden leicht zu beantworten sind und für die viele heute keine Antworten finden können. Für viele Menschen sind die dogmatischen Antworten der Religion zweifelhaft geworden, zumal sich das Bewußtsein von extremer Not und Ausweglosigkeit vertieft hat und differenzierter geworden ist.

Uns erscheint vor allem wesentlich: Ganz gleich, welches Urteil wir uns selbst gegenüber dieser Frage gebildet haben: Unser Herz in der konkreten Situation, in der sich ein Mensch das Leben genommen hat, nicht zu verschließen. Wichtig ist, daß wir den anderen also nicht verurteilen, uns nicht vom Mitempfinden abwenden, um unserer eigenen Angst, den eigenen Fragen und unserer Hilflosigkeit auszuweichen.

Wenn sich nun Kinder ganz konkret an uns wenden, entweder auf der Suche nach einer Antwort oder mit einem Erlebnis, das sie betroffen und beunruhigt hat, was sollen wir tun?
- Es ist sicher wichtig, daß wir uns Zeit nehmen, damit wir einander in einem so wichtigen Thema begegnen können.
- Versuchen Sie zuerst zu verstehen, was das Kind wirklich beschäftigt, bewegt, beängstigt, und wie seine Fragen wirklich lauten.

– Bekennen Sie Ihrem Kind gegenüber ruhig, daß dieses Thema auch für Sie schwierig ist, und es möglicherweise auch bei Ihnen Zweifel, Unsicherheiten oder Ängste in dieser Frage gibt.
– Stehen Sie zu Ihren eigenen Gefühlen, versuchen Sie aber andererseits, das Kind nicht mit Ihren eigenen Probelemen zu belasten.
– Vielleicht ist es Ihnen möglich, in den Antworten extreme Standpunkte zu meiden oder sie beim Kind zu mildern und in allen Antworten noch etwas vorsichtig ‚Fragendes' mitklingen zu lassen – indem Sie zum Beispiel sagen: „Ich könnte mir vorstellen, daß ..."
– Versuchen Sie, zusammen mit dem Kind eine Antwort zu finden.
– Vielleicht können Sie Ihr Kind dazu ermutigen, auch noch mit anderen Menschen über seine Fragen zu sprechen.
– Behalten Sie für sich selber im Bewußtsein, daß die Frage nach dem ‚Recht' oder ‚Nicht-Recht' eines Menschen auf seinen eigenen Tod immer wieder im Leben auftaucht, und daß wir zu verschiedenen Zeiten unterschiedlich auf diese Fragen reagieren werden.
– Bei Jugendlichen drückt sich hinter ihrer manchmal radikalen Meinung zu diesen Fragen oft eine ganz andere Problematik aus, die mehr mit Fragen des Lebens zusammenhängt, als mit einer tatsächlich endgültigen Antwort zu diesem Thema.

Zum Abschluß dieses Kapitels, zur Anregung und zum Nachdenken nun die Schilderung einer kleinen Begebenheit.

Jakob

Jakob war noch nicht ganz vier Jahre alt. Er saß mit seinen Eltern und seinen beiden älteren Schwestern am Abendbrottisch. Draußen war es schon dunkel, es war wohl No-

vember, und etwas von dem Geschehen im Zimmer spiegelte sich in den Fensterscheiben.

Jakob hatte sich gerade den Rest – es war ein ziemlich großer Rest – seines Marmeladenbrotes in den Mund geschoben, als er unvermittelt das Gespräch der anderen unterbrach: „Mama, du bist nicht meine richtige Mutter, die sieht ganz anders aus!"

Plötzlich war Stille im Raum. Alle wendeten sich Jakob zu. Was sagte er da! Nach einem kurzen Moment des Schweigens sagte die Mutter: „So, und wie sieht deine richtige Mutter aus?"

Und Jakob berichtet mit einem versunkenen Blick: „Die, die ist größer als du und die hat einen langen Zopf und sieht überhaupt ganz anders aus, und wir wohnen in einem schönen großen Haus, und da stehen große Bäume drum herum, ganz viele, und Autos gibt es keine. Und ich, ich habe einen Schäferhund, das ist mein Hund ..." Bei den letzten Worten verklingt Jakobs Stimme traurig.

Nun ist es ganz still im Raum, nur die Teekanne auf dem Stövchen summt vor sich hin.

Eltern und Kinder in der Begegnung – Achtung und Wertschätzung

Wie können wir eine Atmosphäre schaffen, die es dem Kind ermöglicht, seine Gedanken und Gefühle frei auszudrücken?

Das Wesentlichste hierfür ist, daß sich das Kind, so wie es ist, von uns *angenommen fühlt.* Das bedeutet, daß wir die Reaktionen und Gedanken des Kindes nicht bewerten, ihm nicht vorhalten „das darfst du nicht denken", oder „über Tote redet man nicht schlecht, das ist böse".

Es kommt vielmehr darauf an, alle seine Gefühle, die sogenannten „positiven" wie die scheinbar „negativen", zu akzeptieren, ohne sie als gut oder schlecht zu bezeichnen. Das Kind darf also zum Beispiel seine Wut gegenüber Gott oder dem Verstorbenen ausdrücken, und wir nehmen es darin ernst.

Durch unsere Wertschätzung, die unabhängig von seinen gezeigten Gefühlen ist, gewinnt es das Vertrauen, auch seine tiefsten, verborgenen und sonst vielleicht „verbotenen Gefühle" auszudrücken. Durch unsere Annahme und die fehlende Bedrohung fühlt sich das Kind sicher und wagt sich zu öffnen. So können wir dem Kind aus seiner inneren Vereinsamung oder aus inneren Spannungen heraushelfen, die sich vielleicht in „unangepaßtem" Verhalten äußern.

Diese so ganz annehmende Haltung ist für das Kind, das einen nahen Angehörigen verloren hat, besonders wichtig. Es fühlt sich oftmals anders und auch minderwertiger als die anderen Kinder; es empfindet, nun keine richtige Familie mehr zu haben. Durch Zuneigung und Zuwendung erfährt es sich jedoch als wichtig und wertvoll.

Nehmen wir das Kind so an, wie es ist, so bedeutet das auch, daß wir ihm seine Zeit lassen, mit dem Verlust umzugehen. Wir wollen das Kind nicht in eine bestimmte Richtung drängen; wir müssen dazu eigene Ziele und Wünsche loslassen und uns ohne Vorbehalte und Vorstellungen ihm zuwenden in dem Bemühen, ihm zu helfen, seinen Weg zu finden. Das heißt für uns als Begleitende, auch Zeiten der scheinbaren äußeren Ereignislosigkeit mit auszuhalten, unsere Ungeduld zurückzustellen in dem Vertrauen und Wissen, daß sich innerlich viel ereignen kann. Wachsen und Reifen ist meist ein sehr langsamer Prozeß.

Eine vertrauensvolle Beziehung schaffen wir auch, wenn wir versuchen, die vom Kind ausgesprochenen und ausgedrückten Gefühle und Wünsche zu *erkennen und zu verstehen.* Auch dafür müssen wir unsere eigene Person, unser eigenes Erleben zurückstellen und uns bemühen, uns in die Innenwelt des Kindes einzufühlen. Wir versuchen gleichsam, die Welt mit den Augen des Kindes zu sehen und teilen ihm mit, was wir von ihm erkannt und verstanden haben, ohne zu bewerten und ohne zu interpretieren. Es geht dabei darum, daß wir die innere Erlebniswelt des Kindes kennenlernen, die oft ganz anders sein kann als die eigene. So sind manche Dinge, die für Erwachsene selbstverständlich sind, für Kinder unüberschaubar und darum beängstigend.

Der Verlust eines nahen Angehörigen löst in Kindern sehr unterschiedliche Gefühle der Aggression, Angst, Minderwertigkeit, Schuld usw. aus. Diese Gefühle sind für das Kind zum Teil unbewußt und nicht vorhersehbar. Wenn es sich von uns in diesen wirren Gefühlen verstanden weiß und erfährt, daß diese Gefühle sein dürfen und beachtet werden, so fühlt es sich nicht mehr allein. Die Gefühle werden ihm selber bewußter und damit klarer.

Durch unser Verstehen können wir das Kind schützend und behutsam begleiten. Wir spüren dann auch, wann es notwendig und wichtig ist, das Kind an unseren Antworten teilhaben zu lassen, ohne es zu bedrängen; Antworten, zu denen es unter Umständen nicht selber finden kann, für die es unsere Hilfe braucht.

Je mehr es uns möglich ist, im Gespräch *echt und aufrichtig* zu sein, um so mehr erfahren wir, daß uns das Vertrauen und die Offenheit der Kinder geschenkt wird. Das heißt nicht, daß wir sie mit der Tiefe und Heftigkeit all unserer Gefühle von Angst und Schmerz belasten. Es ist aber wichtig, daß junge Menschen uns Erwachsene nicht als allwissende und über allen Gefühlen stehende Personen erleben, sondern daß sie etwas von unserer eigenen Verwundbarkeit und Betroffenheit, von unseren eigenen Fragen erfahren, ohne sie damit zu belasten.

Auf diesem gemeinsamen Weg können wir erleben, daß in den tiefsten Erfahrungen und Fragen die Unterschiede des Alters sich häufig verlieren. Schmerz und Liebe, Sehnsucht und Hoffnung, Wut und Reue, Tapferkeit und Mut scheinen in ihrer Tiefe universale Erfahrungen zu sein, die uns alle über die scheinbaren Unterschiede von Alter und Geschlecht, Bildung und Erfahrung hinweg an den Wurzeln unseres Seins miteinander verbinden.

So kann es eine ganz eigene Stimmung des Miteinander- und Beieinanderseins geben. Schon die ruhige, zuhörende und liebevolle Zuwendung, die auch Stille zuläßt, Schweigen oder die Möglichkeit, keine Antworten zu haben, kann zu Klärungen und Tröstungen führen.

Die vielen Fragen – Eine Geschichte, vielleicht auch zum Vorlesen

Es war in einem lang vergangenen Sommer. Wir machten Ferien in einem kleinen Gehöft im Süden Frankreichs. Es war ein besonders heißer Sommer, die Kinder spielten viel in der Nähe des Hauses, und ein junger Kater schlief entweder in der Sonne oder vergnügte sich in einem angebauten Strohschuppen.

Mit einem Male ein Schrei; ein gellender Schrei, und eines der Mädchen kam gerannt, Entsetzen im Gesicht, und weinend legte sie ihren Kopf auf meinen Schoß.

Von vielen Schluchzern unterbrochen, brach es aus Ina heraus: „Der Kater, weißt du, erst hat er ja nur gespielt und dann, dann hat er die Maus totgemacht, so eine kleine niedliche Maus mit einem rosa Bauch, und als sie tot war, hat er sie immer in die Luft geworfen und wieder geschnappt".

Plörtlich riß sie sich heftig von mir los und schaute mich feindlich an. Ich wußte augenblicklich, was in ihr vorging: Es war ja mein Kater, der die kleine Maus totgebissen hatte und dann auch noch mit ihr spielte. Mit einem Mal fühlte auch ich den Schmerz, ihren Schmerz und ihre Anklage. Sie hatte recht, und zwischen uns stand nun plötzlich die Frage: „Warum gibt es so etwas?"

Es waren viele Fragen und Anklagen, die nun zwischen uns standen. Am Abend dann wurden sie vorgebracht. Ich hatte Ina ins Bett gebracht und zugedeckt. Wir waren beide ernst. Streng und klar fragte sie: „Wo ist die Maus jetzt?"

Wie ein Schlag durchzuckte mich ihre Frage. Ja, wo war die Maus jetzt? Liebe und Hilflosigkeit brachten mir eine Antwort in den Sinn: „Vielleicht im Himmel der Mäuse!"

Aber ich fühlte mich selber nicht gut bei dieser schnell gegebenen Antwort. Wußte ich denn, wo die Maus jetzt war? Oder konnte es sein, daß die Maus ganz und gar nicht mehr war? Ich spürte, daß dies für das Kind, das da fragte, niemals annehmbar wäre.

Aber schon folgte die nächste Frage: „Und gibt es auch einen Himmel für Katzen?"

Ich zog mir einen Stuhl ans Bett, weil ich bleiben und nicht ausweichen wollte, denn schließlich stand das Geschehen vom Morgen noch zwischen uns und ließ das alte Gefühl von Vertrauen und Nähe nicht zu.

Am Mittag hatten wir alle zusammen ein kleines Grab

gemacht, mit der Hacke im Hof. Es war dann schwierig geworden: Wie sollte man die Maus herüberbringen? Auf der Schaufel? – das wäre taktlos gewesen. So hatte ich denn getan, was mir fast unmöglich erschienen war, ich faßte die tote Maus an und wickelte sie in ein großes Malvenblatt. Ich fühlte die schweigenden, bewundernden Blicke der Kinder auf mir und sagte nicht, wie schwer es mir gefallen war.

Die Katze hatten wir ins Haus gesperrt, damit sie die Beerdigung nicht störe. Es schien auch so, daß damit ein Stückchen Gerechtigkeit wiederhergestellt worden war. Wenigstens zur Beerdigung durfte der schreckliche Kater nicht kommen!

Die Kinder hatten darauf bestanden, daß das Mäusegrab ein kleines Kreuz bekäme. Und so knüpften wir gemeinsam zwei kleine Stöcke mit einem Bastfaden zusammen und steckten das Kreuz ans Kopfende des Grabes. Noch einmal ein schmerzlicher Moment. Ina weinte, als die trockene Erde auf den toten Mäusekörper fiel. Und dann sammelten die Kinder am Ackerrand Kiesel und schmückten das Grab. Einen Namen hatte die Maus auch noch erhalten bei der Beerdigung: es war das Grab von Rosalie.

Und nun, am Abend, saßen wir beeinander und klärten schwierige Fragen. Wo ist denn der Himmel? Und was tun die Mäuse da? Warum ist dann einfach jemand tot? Und was ist das, wenn man tot ist?

Lange sprachen wir miteinander. Ich weiß noch, daß ich nur wenige Antworten wußte. Aber mit Staunen stellte ich fest, daß die Fragende oft selbst die Antwort wußte und gab.

Mit der Zeit fühlte ich, daß die Last langsam von uns beiden abfiel. Ich denke nicht, daß es meine eher unbeholfenen Erklärungen waren, sondern vielmehr dieses langsame, leise, suchende Gespräch miteinander, das vom dämmernden Abend begleitet wurde.

Als ich aufstand, um Ina noch einen Gute-Nacht-Kuß zu geben und zu gehen, hörte ich noch, wie sie mit schläfriger

Stimme sagte: „Und du denkst wirklich, daß es der Rosalie jetzt gut geht?“ Und dann gähnte sie und drehte sich um zum Schlafen.

In den folgenden Tagen wurde das Grab von Rosalie hin und wieder mit einem Blümchen geschmückt und mit Wasser besprengt. (Erzählung von Lis Bickel)

Zweiter Teil:

Für Kinder, Jugendliche und Erwachsene

Einführende Gedanken zu dem Teil für Kinder

Dieser Teil des Buches möchte anregen, mit dem Kind oder Jugendlichen ins Gespräch zu kommen. Dem Begleiter eines Kindes, das sich mit Sterben und Tod eines nahen Angehörigen auseinandersetzen muß, gibt es etwas in die Hand, das es ihm leichter machen kann, diesen Weg gemeinsam zu gehen.

Aber auch wenn wir spüren, daß sich der uns anvertraute junge Mensch aus eigenem Impuls und ohne konkreten Anlaß mit Fragen um Sterben und Tod beschäftigt, kann dieser Buchteil sehr hilfreich sein. Er ist in erster Linie als ‚Begleitung' gedacht und möchte die Grundlage zu Gespräch und Spiel von Kind oder Jugendlichem und Erwachsenem sein.

Das Buch kann und soll den Prozeß des Miteinander-Redens, Erzählens und des emotionalen Austausches anregen und unterstützen. Dabei ist es natürlich auch möglich, mit einer Gruppe von Kindern an diesem Buch zu arbeiten. Die Anzahl der Kinder sollte aber nur so groß sein, daß jedes einzelne sich angenommen fühlen und sicher sein kann, daß ihm genügend Zeit und Zuwendung gegeben wird.

Für wen kann das Buch eine Hilfe sein?

Das Buch ist für Kinder und Jugendliche im Alter von 5–13 Jahren gedacht. In jüngerem Alter können Kinder den Tod noch nicht begreifen; Tote bleiben für sie in irgendeiner Form lebendig.

Es ist vor allem ein Buch für Kinder, die einen Angehörigen oder Freund verloren haben. Aber auch wenn Kinder noch keine persönliche Erfahrung mit dem Tod im nahen Lebensumkreis gemacht haben, kann es eine Hilfe sein, über das schwierige Thema ‚Sterben und Tod' überhaupt erst ins Gespräch zu kommen.

Das Kind sollte auf keinen Fall überredet oder gezwungen werden, sich mit dem vorliegenden Thema in dieser Form auseinanderzusetzen. Vielleicht entspricht ihm die Art nicht, vielleicht ist aber auch der Zeitpunkt nicht der richtige. Das Kind hat seinen eigenen Zeitrhythmus, mit dem Verlust umzugehen, manchmal geschieht das auch erst Jahre später. Wichtig ist nur, daß der begleitende Erwachsene ihm die Bereitschaft signalisiert, mit ihm über den Verlust und über seine Gefühle zu sprechen, wenn es das will.

Ob Erwachsene ein Elternteil, Helfer, Lehrer oder Therapeut sind, sie sollten sich möglichst schon selbst mit Verlust, Trauer, Trennung, Tod und den damit verbundenen Gefühlen und Fragen auseinandergesetzt haben. Die Auseinandersetzung kann als Nachdenken über die eigenen Erlebnisse und Gefühle und an Hand des ersten Teiles dieses Buches stattgefunden haben. Sie haben als Begleiter dann eine innere Sicherheit, die ihnen helfen kann, sich ganz auf das Kind einzulassen. Denn gerade das Kind nimmt sehr sensibel wahr, ob Erwachsene in der eigenen Angst gefangen und unsicher sind, beziehungsweise ob es sich ihnen mit seinen Gefühlen anvertrauen kann.

Es ist sinnvoll, daß die Person, die mit dem Kind an diesem Buch arbeitet, selbst nicht zu sehr von dem Verlust betroffen und in eigenen Gefühlen von Trauer und Schmerz befangen ist. Manchmal kann eine etwas entfernter stehende Person dem Kind möglicherweise mehr innere Ruhe vermitteln und es so freier machen, alle seine Gefühle zu äußern.

Wie kann das vorliegende Buch benutzt werden?

Von grundlegender Bedeutung ist die Bereitschaft, das Gespräch miteinander zu teilen, aufmerksam und zugewandt das Kind oder den Jugendlichen wahrzunehmen und aufrichtig in unserer eigenen Haltung zu sein. Es geht darum, eine Atmosphäre zu schaffen, die es dem Jugendlichen ermöglicht, seine Gefühle zu äußern und an dem, was ihn bewegt, teilzunehmen.

Der Weg durch das Buch sollte auf spielerische, lockere Art beschritten werden. Manchmal möchte das Kind einige Seiten überspringen, bei einem anderen vielleicht länger verweilen oder auf ein zurückliegendes Bild zurückkommen. Bei manchen Bildern möchte es etwas sagen und viel erzählen; vielleicht weint es auch oder möchte Ihre Nähe spüren; andere Bilder wird es möglicherweise nur still anschauen, sie anmalen oder auch nur eigenen Gedanken und Träumen nachhängen.

Wir sollten als Begleitende darauf vertrauen, daß das Kind weiß, was gut für es ist. An ihm ist es, seinen Bedürfnissen folgend, Zeit und Umfang, Art und Intensität im Durchgehen der einzelnen Kapitel und Themenbereiche zu bestimmen. Nur das Kind selbst weiß um seine Fragen und Bedürfnisse, weiß, wann es an der Zeit ist, sich diesem oder jenem Fragenkreis zu nähern – oder auch nicht.

Wir möchten Sie anregen, nicht zu viel auf einmal zu machen. Es kann sein, daß für einen Tag schon ein Blatt reicht. Hier sollte der erwachsene Begleiter eine leitende und schützende Haltung einnehmen. Denken Sie daran, daß das Kind das Besprochene auch im nachhinein noch verarbeiten wird. So erzählt uns eine Mutter: *„Peter ist ganz aufgeregt beim Betrachten der Bilder und Geschichten – dann klappt er das Buch aber nach einiger Zeit heftig zu und möchte nichts mehr davon wissen."*

Auch werden die Bilder je nach Alter des Kindes unterschiedlich aufgenommen. Manche sind für Jüngere vielleicht zu schwierig. Bedrängen Sie das Kind nicht, bei einem Blatt zu bleiben. Es wird selbst sagen: „Ich will jetzt weiterblättern, das ist mir zu schwierig."

Die Kinder brauchen auch in verschiedenen Altersstufen eine unterschiedliche Unterstützung und Begleitung. So berichtet eine Mutter: *„Für die zehnjährige Maren war es hilfreich, wenn ich mich, neben ihr sitzend, mit etwas anderem beschäftigte und mich abwartend und auf keinen Fall ‚erwartend' verhalten habe. Es sind eigentlich wenige Gespräche entstanden. Sie wollte das nicht, sondern wollte nur, daß ich still dabei bin. Bei dem sechsjährigen Stefan war das ganz anders. Da war meine ganze Aufmerksamkeit erforderlich. Nach ein bis drei Bättern war er ‚zu müde' zum Weitermachen oder wollte lieber wieder spielen. Manchmal wurde er plötzlich albern und wir mußten dann abbrechen, und andere Male war er völlig im Geschehen und ins Nachdenken vertieft."*

Spüren Sie, wieviel Nähe, wieviel Gespräch das Kind von Ihnen möchte.

Malen, anmalen, übermalen, bemalen, ausmalen

Ein Malbuch wird heute von vielen eher mit Skepsis und Ablehnung betrachtet. Gedanken wie: „Das verhindert ja die eigenen schöpferischen Fähigkeiten des Kindes" – „da muß das Kind brav ausführen, was sich die Erwachsenen ausgedacht haben" usw. werden als berechtigte Einwände angeführt.

Im vorliegenden Arbeits-, Schreib- und Malbuch geht es aber um etwas anderes. Es soll dabei helfen, das Kind zum äußeren und inneren Verweilen bei einem Blatt und seinen Inhalten anzuregen. Während des Anmalens bleibt das Kind in einer eher träumerischen und gelösten Haltung bei sich selbst und seinen Empfindungen. Wenn das Kind zum Beispiel eine kleine traurige Figur anmalt, verbindet es sich innerlich mit ihr und erlebt: *„Ja, genau so traurig wie die bin ich auch"*. So kann es geschehen, daß mit dem eigenen verweilenden Tun Nähe zu den dargestellten Figuren und Personen hergestellt und das Gefühl der Einsamkeit und Isolation beim Kind aufgehoben wird.

Gerade das Einfache und Mühelose des Anmalens schenkt dem Kind ein Gefühl von Befriedigung. Es braucht keine Angst vor der Aufgabe zu haben, – „das kann ich doch nicht zeichnen" –, sondern es kann Freude an ihrer einfachen Erfüllung empfinden. Die Beschäftigung setzt innere Kräfte frei, mit denen es sich ganz dem Thema zuwenden kann.

Es geht uns in diesem Buch darum, Kinder zum eigenen Ausdruck ihrer Gedanken, Gefühle und Erinnerungen anzuregen und zu vertiefen. Gestaltende Handlung wird so zum Weg, Ängste zu klären und zu verarbeiten sowie Unsicherheiten, Fragen und Erlebnissen zu begegnen.

Wenn mehrere Kinder mit dem Buch arbeiten oder Sie das Buch selbst nicht beschriften oder ausmalen lassen wollen, können Sie die Bildseiten kopieren oder auch ein Pauspapier auf die jeweiligen Seiten legen und dann das Kind auf das Pauspapier malen lassen. Auch wenn das Kind einzelne Bilder vielleicht anschließend in seinem Zimmer aufhängen möchte, kann das Kopieren aus dem Buch eine gute Lösung sein.

Gedanken zu den Bildern und Zeichnungen

Sterben als ein Teil des Lebens

Alles was einen
Anfang hat,
hat auch ein Ende

Oftmals empfinden wir: Tiefe Wahrheiten sind einfach; so einfach, daß wir erstaunt fragen: „So einfach soll das sein?“.

Im Umgang mit Kindern lernen wir dann, daß sie einen ganz spontanen Zugang zu diesen einfachen Wahrheiten haben. Da hören wir zum Beispiel: *„Wenn du nichts gibst, kriegst du auch nichts!“*, oder auch: *“Jetzt brauchst du mich, wo du keinen anderen mehr hast!“*.

Diese Einsicht drückt sich auch in ihrem spontanen Zugang zu Sprüchen, Versen oder Sprichwörtern aus. Auf diesem Hintergrund erscheint es uns möglich, daß Kinder leicht universale Gesetze verstehen und auch annehmen können. Einfache, aber tiefe Gesetze, die mancher Erwachsene lieber wieder vergessen möchte: „... und irgendwann sterben wir dann!“

Wir glauben, daß Kindern deshalb etwas ganz Wesentliches mitgegeben werden kann:
- Leben und Tod sind untrennbar miteinander verbunden
- alles Existierende ist dem Wandel unterworfen
- in jedem Ende liegt ein Neuanfang
- wir sind eingebettet in die große Ordnung der Schöpfung.

Mit der frühen Einsicht in Endlichkeit, Wandlung und Neubeginn muß sich kein lastendes oder schweres Gefühl verbinden, sondern es kann im Gegenteil ein Vertrauen in die Geborgenheit der Lebensprozesse wachsen.

Gleichzeitig kann es schon Kindern und Jugendlichen möglich werden, Achtung und Ehrfurcht gegenüber dem Leben und jedem einzelnen Lebewesen zu entwickeln.

Sterben, Tod, Beerdigung

Im zweiten Teil steht die Auseinandersetzung mit dem Sterben und dem Tod des oder der Angehörigen im Vordergrund. Da Kinder die Ursache von Sterben und Tod nur schwer verstehen können, fühlen sie sich manchmal schuldig am Tod. Vielleicht haben sie dem Verstorbenen einmal aus Eifersucht oder Wut den Tod gewünscht und glauben nun, daß dies der Grund des Todes war. Darum ist es wichtig, die Ursache des Todes, warum jemand stirbt, deutlich zu machen. Auch dazu gehört die Einbindung in den größeren Lebenszusammenhang: Alles stirbt einmal.

Kinder begegnen dem Tod auch mit Neugierde. Ihre manchmal direkten Fragen: *„Was ist denn das eigentlich – sterben?“*, und: *„Wo sind denn die Toten eigentlich?“* werden daher direkt ausgesprochen. Das können Fragen sein, die uns als Begleiter vielleicht verlegen machen. Wir hoffen, mit den folgenden Bildern und Texten Hilfen und Anregungen zum Gespräch zu geben.

Jedoch möchten wir damit keine festen Antworten geben, denn die müssen sich aus den inneren Bildern des Kindes und der persönlichen religiösen Einstellung des Begleiters ergeben. Unsere Erfahrung ist: Je offener und ehrlicher wir mit den Kindern die Themen ‚Sterben – Tod – Beerdigung‘ ansprechen, desto eher können sich beängstigende Phantasien auflösen und konkretere Bilder entstehen.

Lassen Sie das Kind wählen, ob es bei Beerdigungen mit dabei sein möchte. Es macht das Kind einsamer und läßt es mit der

Angst alleine, wenn Sie es von der Beerdigung ausschließen. Wie sich das Kind auch entscheidet, wichtig ist, daß es nicht alleingelassen und ausgeschlossen wird. Es sollte eine Person in dieser Zeit bei ihm sein, zu der es Vertrauen hat.

Es ist sehr wichtig zu lernen, nicht nur die Freude, sondern auch das Leid miteinander zu teilen. Zu schwer und zu belastend wird es meistens nur dann, wenn wir uns alleine und alleingelassen damit fühlen.

Gerade wenn der Angehörige plötzlich gestorben ist, bleibt vieles ungesagt, was die Kinder quält und belastet. Es heilt innere Wunden, wenn das Kind alles Ungesagte aufschreiben oder aussprechen kann. Vielleicht möchte das Kind das Aufgeschriebene auch geheimhalten. Respektieren Sie das.

Das Kind, das einen Angehörigen verloren hat, fühlt sich oft alleine, verlassen und häufig auch anders als die anderen Kinder. Es ist wichtig, ihm bewußt zu machen, daß noch andere Menschen da sind, daß es in eine Gemeinschaft eingebunden ist. Wenn ein Elternteil – vielleicht der Vater – gestorben ist, ängstigt das Kind vielleicht der Gedanke: *„Wer sorgt denn nun für mich?"*. Darüber hinaus entstehen Ängste: *„Was wird mit mir, wenn Mutti nun auch noch stirbt?"* Die Verbundenheit zu Freunden, anderen Familien und Kindern kann dem Kind erneut das Gefühl von Sicherheit und Geborgenheit vermitteln.

Der Umgang mit den Gefühlen

Der Verlust eines nahen Menschen löst eine Vielfalt von starken und oft auch unterschiedlichsten Gefühlen aus, wie im ersten Teil schon erwähnt wurde:

Da ist *Wut,* daß der Mensch weggenommen wurde. Wut aus dem Gefühl der Machtlosigkeit. Wut, daß der andere einen einfach verlassen hat. Wut auf Gott, daß er das zulassen konnte.

Furcht und Angst, daß der Tod auch einen selbst holt oder noch andere Menschen. Manchmal erleben Kinder den Tod auch als Strafe.

Oft kommt es zunächst zum *Schock*. Der Betroffene kann das Geschehen noch gar nicht begreifen.

Auch die *Verdrängung* kann noch eine Abwehr sein. Da sagen Angehörige zum Beispiel: „Er kann nicht gestorben sein" – „Sie kommt heute abend sicher wieder".

Schuldgefühle werden erlebt: das Gefühl, etwas versäumt zu haben; oder bei Kindern, weil sie manchmal glauben, durch ihre Gedanken und Wünsche den Tod herbeigeführt zu haben. Da sind Schuldgefühle, selber noch am Leben zu sein.

Tränen und Trauer, weil man den anderen verloren hat und ihn vermißt. Die Trauer kann sich auch verschieben: Die Tränen kommen dann zum Beispiel, wenn der Romanheld stirbt. Manchmal ist es für Kinder leichter, über solche Bilder ihre Gefühle auszudrücken.

Manchmal ist da auch *Neugierde*, was denn der Tod überhaupt ist, was da geschieht.

Gerade bei Kindern wechseln die Gefühle sehr schnell. Sie können traurig und weinerlich sein, aber kurz darauf schon wieder lachen. Manchmal mag es für uns selber gar nicht einfach sein, mit den oftmals viel realistischeren oder auch direkteren Gefühlen von Kindern umzugehen, zum Beispiel solchen: *„Das ist doch gut, daß die Oma jetzt tot ist, das hätte doch eh' nicht mehr so weitergehen können"*.

Mit diesem Kapitel soll dem Kind vermittelt werden, daß es keine Angst vor seinen Gefühlen haben muß, sondern diese ganz normal sind. Das Kind soll ermutigt werden, seine Gefühle auszudrücken – im Gespräch, im Schreiben oder Malen. Das Kind kann so erfahren, daß es seinen Gefühlen nicht hilflos ausgeliefert ist, sondern bedrohende und belastende Gefühle sich vermindern, wenn es sie ausdrücken kann. Für die seelisch gesunde Persönlichkeitsentwicklung ist das Erleben von Gefühlen eine wichtige Voraussetzung.

So ist es ein guter Weg, wenn das Kind nicht über Verbote, sondern durch Einfühlung erkennt, daß es den anderen nicht verletzen sollte, etwa durch die Frage des Erwachsenen an das Kind: „Wie geht es *dir* denn, wenn dich jemand verletzt?".

Wir neigen dazu, Wut als negativ, als schlecht zu bewerten und zu verbieten. Dadurch kann der Jugendliche jedoch nicht lernen, wie er sich durch den Ausdruck von Wut Luft verschaffen kann, *ohne* jemanden zu verletzen. Er lernt dann nicht, welche positiven Möglichkeiten es gibt, Ohnmacht und Wut auszudrücken.

Gerade im Schmerz und in der Trauer um den Verlust brauchen Kind und Jugendlicher häufig körperliche Nähe. Sie brauchen – je nach Alter sicherlich unterschiedlich – Umarmung, Schutz, Geborgenheit und Trost durch das Gefühl, in ihren Tränen gehalten zu sein.

Auch haben Kinder in dieser Zeit verstärkt Angst. Angst, daß der andere Elternteil auch stirbt, Angst, selber vom Tod geholt zu werden.

Durch die Erfahrung, daß sich die Angst vermindert, wenn sie über sie sprechen dürfen, lernt das Kind und der Jugendliche, mit ihr umzugehen. Dies ist grundlegend wichtig, denn wir alle leben auch als Erwachsene immer auch mit verschiedensten Ängsten.

Unsere Aufgabe als Begleiter ist es, das Gespäch durch unser Verstehen und Zuhören zu vertiefen, so daß das Kind alle seine Sorgen und Ängste aussprechen kann.

Bei Kindern wechseln die Gefühle sehr schnell, und so kann es bald wieder ausgelassen und albern sein, kann im Spiel allen Schmerz vergessen. Dies ist für das Kind notwendig, um wieder Lebenskraft zu gewinnen. Wichtig ist, daß es von Ihnen erfährt, daß dies gut und richtig ist und es nicht auf leisen Sohlen durch die Wohnung schleichen muß.

Vielleicht ist es sogar so, daß wir als Erwachsene von unseren Kindern lernen können, auch unserer Vielfalt von unterschiedlichsten, manchmal sogar widersprüchlichen Gefühlen zu begegnen und zu lernen, sie nicht zu beurteilen, sondern sie zu akzeptieren. Wir können dann erfahren, wie sie sich durch unser Annahme verändern und wandeln. Gerade Kinder können uns zeigen, daß es auch, wenn wir um jemanden trauern, Momente der Fröhlichkeit gibt, daß wir mitten im Schmerz plötzlich lachen können und Tränen zugleich Tränen der Trauer und Tränen des Lachens sein können.

Das Leben geht weiter

Wie kann das Leben in der Familie nach dem Tod eines Angehörigen weitergehen? Ein Platz bleibt zunächst leer. In der Dynamik des Familiengeschehens ist häufig eines der Kinder unbewußt versucht, den Platz des Vaters neben der Mutter zu ersetzen oder den der Mutter neben dem Vater. Das bringt für das Kind aber zu große Belastungen und ein falsches Rollenverhalten mit sich. Mit den beiden Sätzen: „Der, der gestorben ist, hinterläßt eine Lücke. Du brauchst seinen Platz nicht einzunehmen", möchten wir das deutlich machen.

Wichtig für das Kind ist auch zu erfahren, daß es eingebunden ist in einen Kreis von anderen Menschen, die zu ihm gehören und für es da sind. Eine Gemeinschaft von Menschen, die nicht nur aus Familienmitgliedern bestehen muß, sondern einfach aus Menschen, die füreinander da sind, die ihm helfen und denen auch das Kind hilfreich sein kann.

Das Leben geht weiter. Das Kind hat viel verloren. Vieles hat sich verändert. Es ist auch gut, bewußt zu machen, daß trotz des Verlustes die Erinnerungen, die Erlebnisse mit dem Verstorbenen bleiben und uns helfen, mit ihm in einer inneren Verbundenheit zu bleiben.

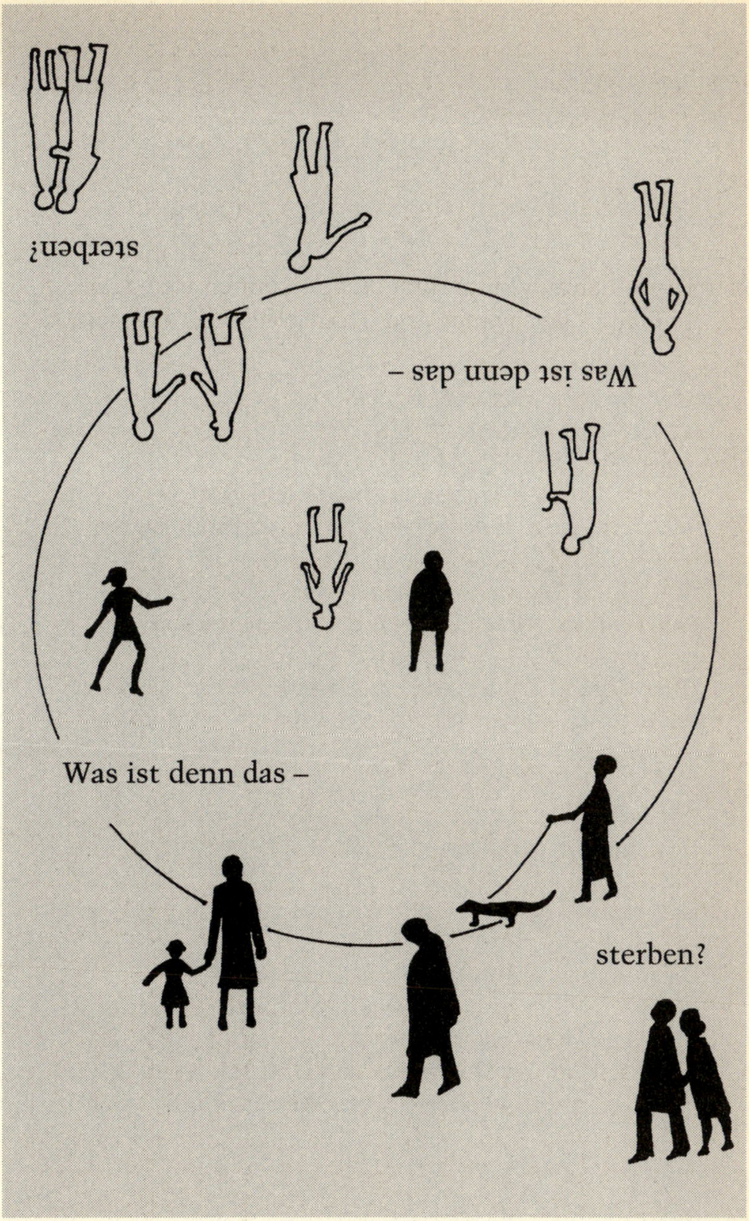
sterben?
Was ist denn das –
Was ist denn das –
sterben?

Hallo Du,

wir haben ein Buch für Dich gemacht.

Für Dich und vielleicht einen anderen **Jungen**,
oder ein anderes **Mädchen**, in einer anderen Stadt,
die gerade auch das Buch aufblättern,
lesen,
in das Buch hineinschreiben,
oder malen,
oder darüber nachdenken,
oder es gerade zurücklegen.

Vor einiger Zeit waren wir beide sehr traurig,
weil wir einen ganz lieben Freund verloren hatten.

Wir haben damals auch viel geschrieben und gemalt.
Beide haben wir viel miteinander gesprochen.

Über unsere Trauer, unsere Fragen, Ängste, Zweifel,
und immer wieder über den Schmerz, den der Tod
in uns auslöste.

Wir haben auch miteinander geweint.
Und das hat geholfen.

Es war eine traurige und auch ein gute Zeit.

Dann haben wir dieses Buch gemacht.
Wir wünschen uns, daß es ein **Malbuch, Schreibbuch**
und ein **Nachdenkbuch** wird.
Ein Buch, in das Du Deine **Wut**, Deinen **Ärger**, Deine
Traurigkeit oder Deine **Fragen** hineinschreiben kannst.

Sterben als ein Teil des Lebens

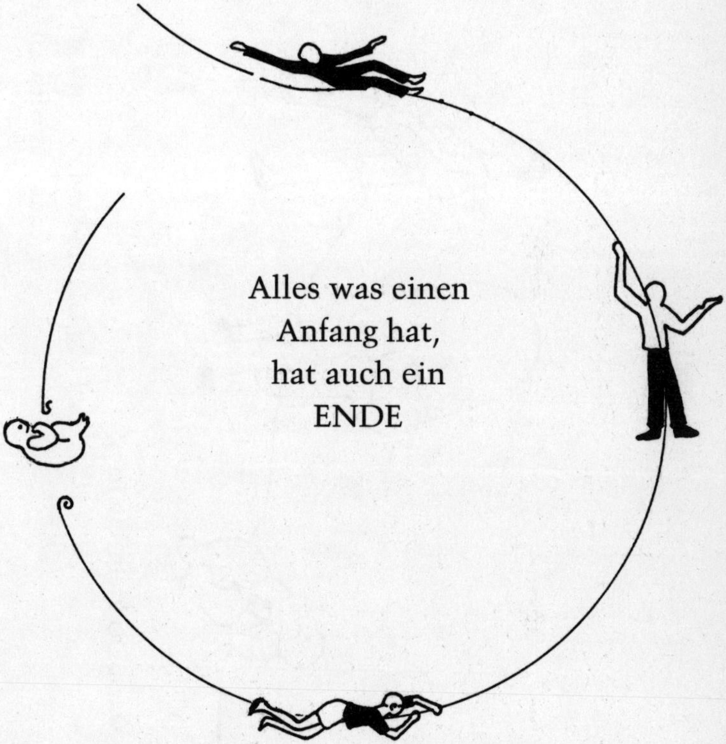

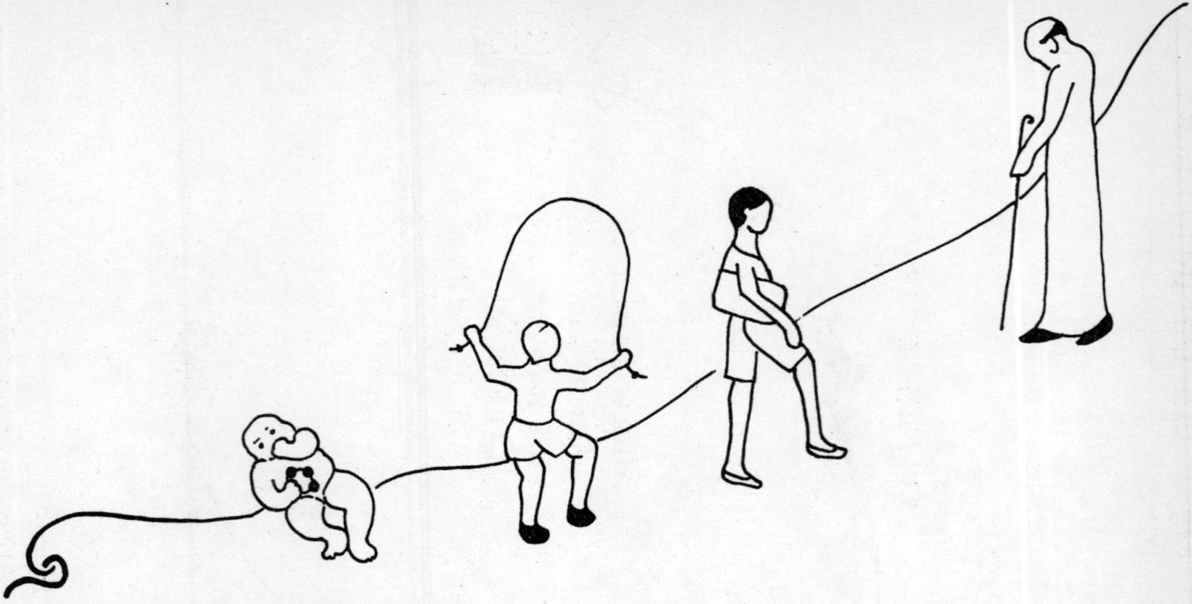

Vor langer Zeit warst DU klein, ein Baby,

jetzt bist DU ein Kind

irgendwann wirst DU erwachsen sein –

und irgendwann sterben wir

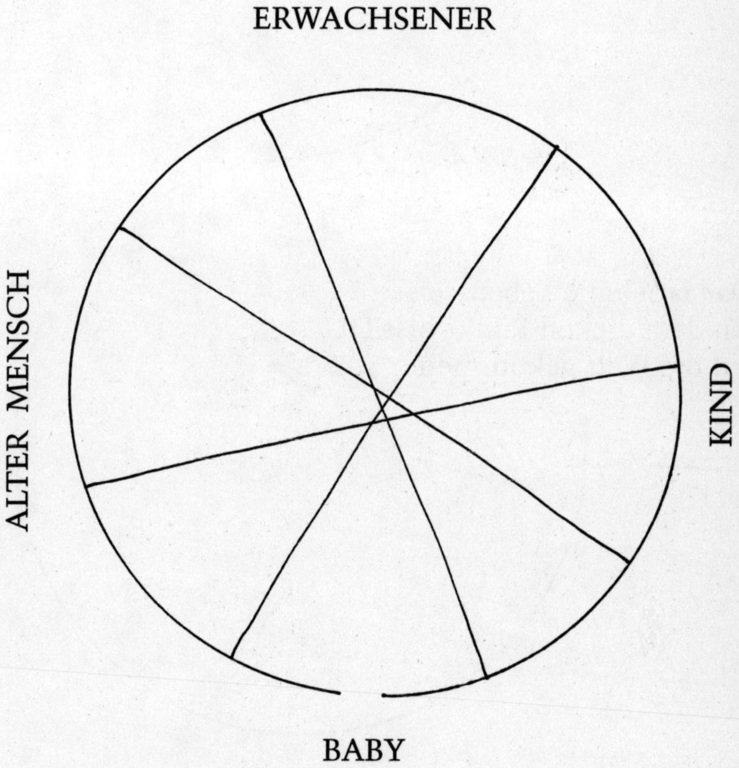

Wenn DU Lust hast male die Felder an.

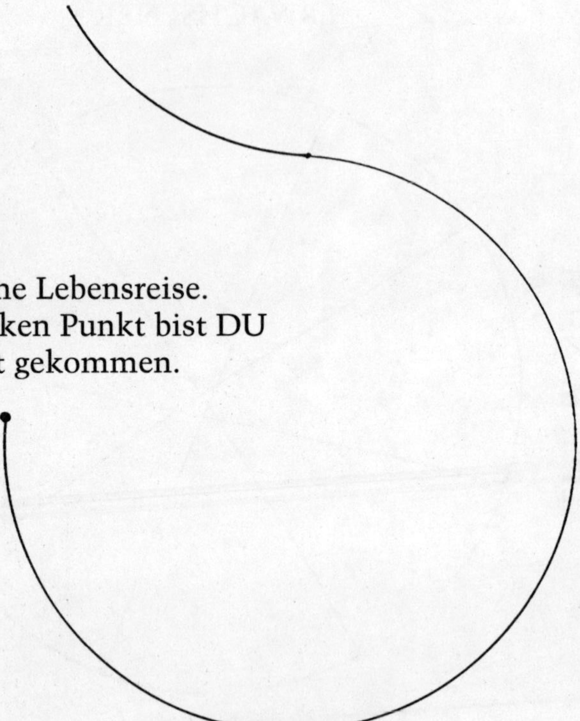

Das ist Deine Lebensreise.
An dem dicken Punkt bist DU
auf die Welt gekommen.

Mach einen Strich dahin, wo DU jetzt bist.

Niemand stirbt,
weil Du ihm manchmal Böses gewünscht hast.

Alles stirbt mal –
und aus ganz unterschiedlichen Gründen.

Weißt DU warum –

DIE WOLKE ________ *Der M________*

Der V________ *DER B________*

stirbt?

Mein ____________________ *ist gestorben,*

weil ____________________

weil ____________________

weil ____________________

Auch bei anderen Kindern
ist irgendwann jemand gestorben.

Name	*wer ist gestorben?*
______________________	______________________
______________________	______________________
______________________	______________________

Was ist denn das eigentlich – sterben?

Alle Menschen haben einen Körper. Den können wir sehen,

riechen,

____

____

Das ist aber nicht alles.
Es gibt etwas im Körper, das ihn leben läßt.
Manche nennen es Seele oder Geist. Seele oder Geist können wir nicht sehen.

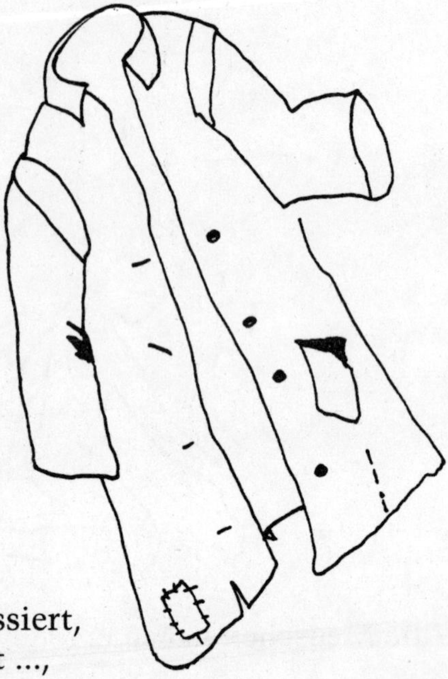

Was mit der Person passiert,
wenn der Körper tot ist ...,

da gibt es ganz verschiedene Antworten.

Manche glauben, daß dann nichts mehr ist

und

andere glauben, daß die Seele oder der Geist
weiterlebt
und wir den ganzen Körpfer zurücklassen.
Vielleicht so, wie wir einen alten Mantel,
den wir nicht mehr tragen können, weggeben.

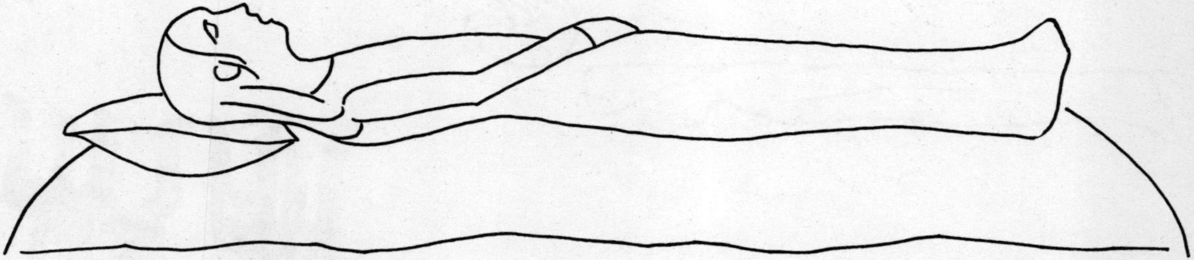

Der Körper atmet nicht mehr.
Das Herz schlägt nicht mehr.
Der tote Körper wird kalt und steif.

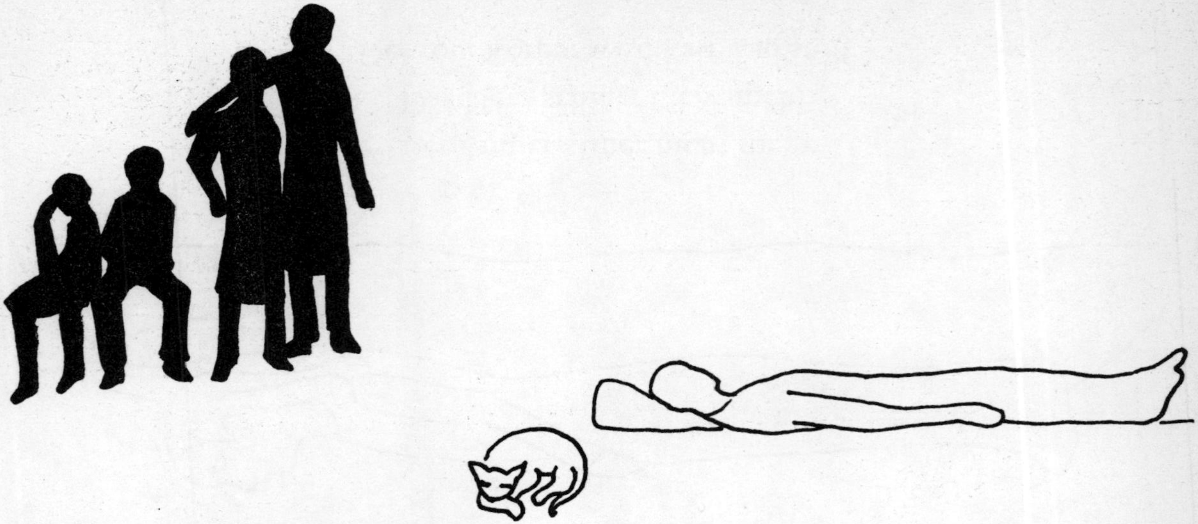

Der tote Körper braucht nicht mehr zu essen und zu schlafen.
Ihm ist nicht mehr kalt oder warm, und er braucht keine Luft mehr.

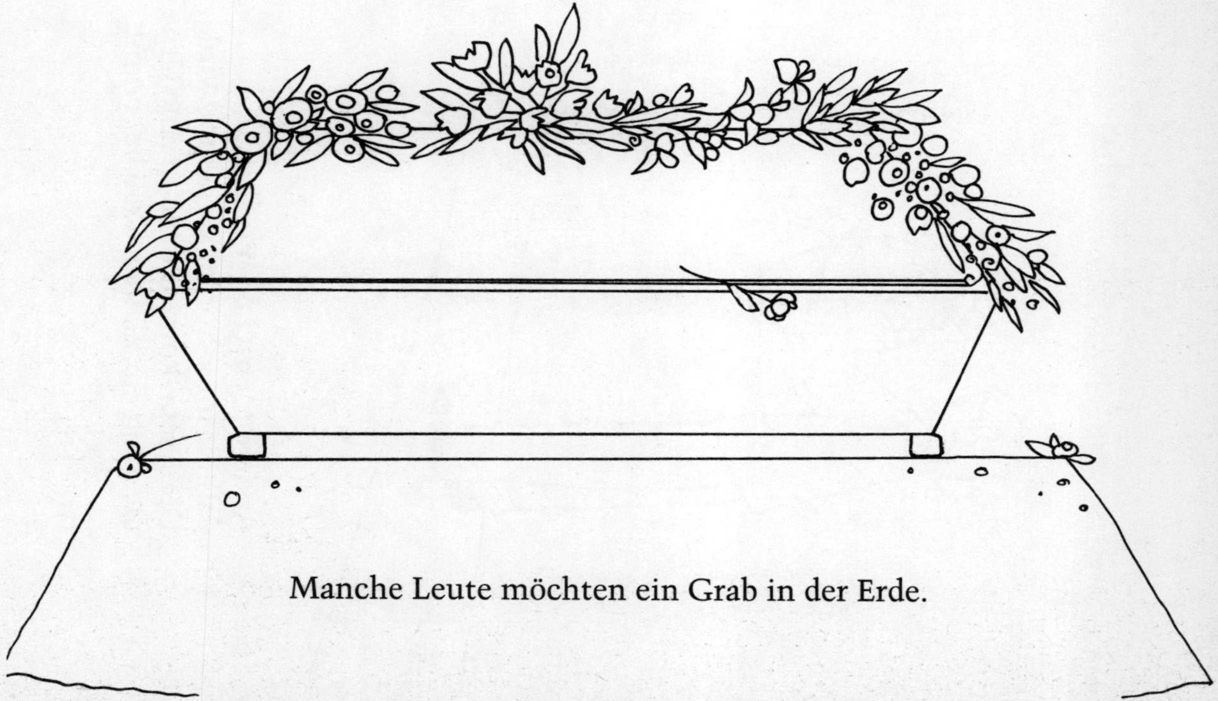

Manche Leute möchten ein Grab in der Erde.

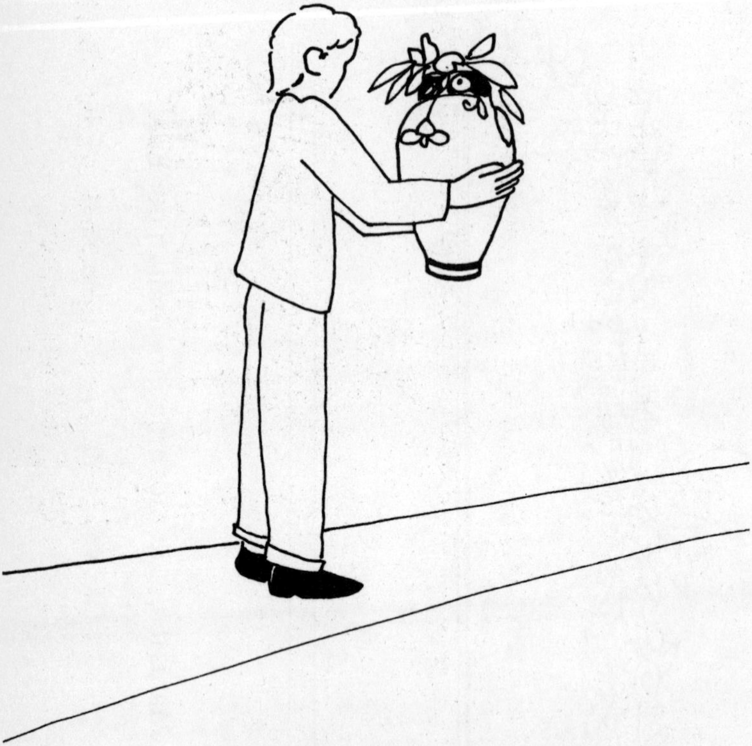

Andere Menschen möchten,
daß ihr toter Körper verbrannt wird.
Die Asche kommt dann in eine Urne,
die auch ein kleines Grab bekommt.

Zur Beerdigung kommen alle Verwandten und alle Freunde – und auch noch andere Menschen.

Wir alle denken noch mal an den Toten,
sprechen von ihm und sind traurig,
daß er nicht mehr bei uns ist.

Mit unseren Blumen wünschen wir ihm alles Gute.

Wir danken ihm, sagen ihm, wie lieb wir ihn haben.

... und manchmal tut der Abschied so weh,
daß wir weinen ...

Magst DU hier reinschreiben

was DU ihm noch alles gerne sagen würdest?

Wenn Du möchtest, daß das niemand liest, kannst Du das Blatt einfach in der Mitte falten.

Kannst Du Dir vorstellen, wo die Toten sind?

Hast Du Lust, davon ein Bild zu malen?

Das ist der, der tot ist.

Einer von denen bist DU.
Wer sind die anderen?

Hast DU Lust, auch die anzumalen?

Ja, wir haben nun schon
viele Bilder über die Reise von
GEBOREN WERDEN – LEBEN –
STERBEN UND TOD
angeguckt und
auch einige davon gemalt.
Und nun ...

Wenn jemand, den DU lieb hast stirbt, dann ...

und irgendwann – gehts dann schon wieder.

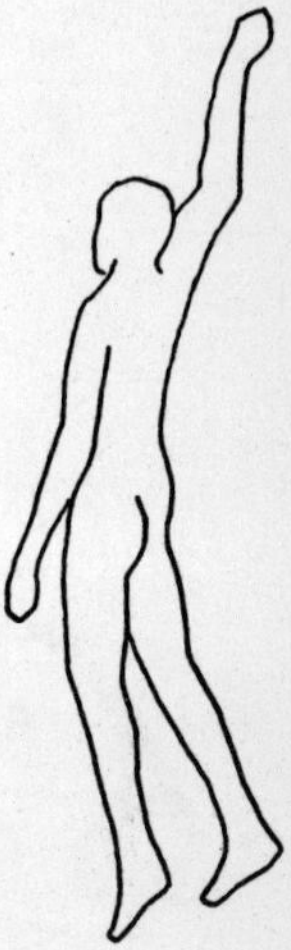

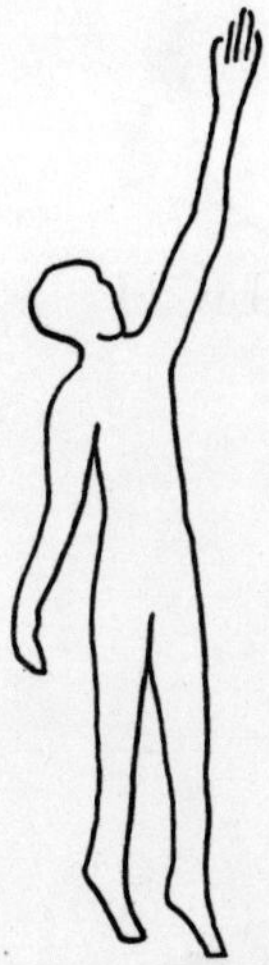

Und das andere ist der,
den DU lieb hast
und der gestorben ist.

Das nun bis DU.

Vielleicht magst DU sie anmalen?

Gefühle kommen und gehen.
Sie sind immer wieder anders.
Alle Gefühle dürfen da sein.

TRAURIG

GLÜCKLICH

ÄNGSTLICH

WÜTEND

....

Hast DU Lust, die Gesichter hineinzumalen?

Was können wir mit unseren Gefühlen machen?

darüber reden

ein Bild malen

weinen

lachen

Wenn die Gefühle draußen sind,
geht es uns erstmal besser.

Jeder Abschied tut weh
und macht traurig.

Vielleicht bist Du manchmal traurig, weil Dir

_____________ fehlt.

Manchmal willst Du alleine sein, wenn Du traurig bist,
und manchmal möchtest Du, daß Dich jemand in den Arm nimmt.

Zu wem gehst Du?

Was kannst Du machen, wenn Du traurig bist?

Hast Du manchmal Angst?

Magst Du hier rein zeichnen, was Dir Angst macht?

Bist Du manchmal auch wütend?

Was macht Dich wütend?

Was macht Dich wütend?

Wenn wir wütend sind, möchten wir manchmal jemandem weh tun.
Kennst Du das?

Kannst Du Dich erinnern, daß jemand ***auch*** mal an ***Dir*** seine Wut rausgelassen hat?
Wie war das für Dich?

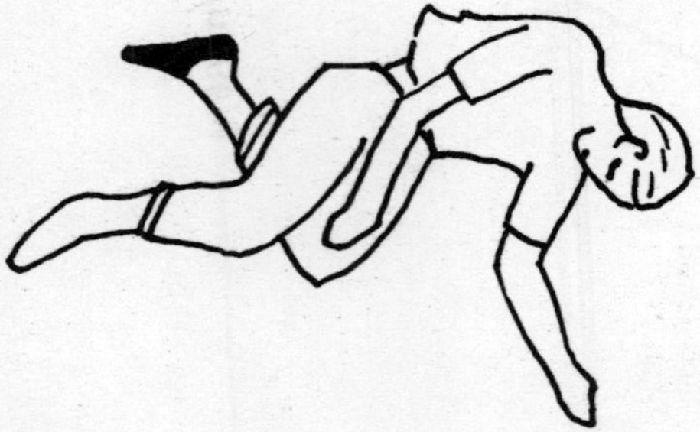

Was fällt Dir denn ein
was Du machen kannst,
wenn Du wütend bist?

Gefühle kommen und gehen
wie die Wellen am Meer.

Dein(e) ... ist gestorben.
Du bist traurig, aber manchmal auch

lustig *albern* *spaßig*

lachend *fröhlich* *guter Laune*

lustig albern spaßig

lachend fröhlich guter Laune

lustig **albern** **spaßig**

lachend **fröhlich** **guter Laune**

lustig albern spaßig

lachend fröhlich guter Laune

lustig albern spaßig

lachend fröhlich guter Laune

Auch diese Gefühle darfst Du haben.

Was macht Dir denn Spaß ?

Das Leben geht weiter

Durch den Tod Deines/Deiner ____________________
hast Du vielleicht viele Gefühle gehabt.

Und auch sonst hat sich viel verändert:

____

____

____

____

____

Der, der gestorben ist, hinterläßt eine Lücke.

Du brauchst **nicht** seinen Platz einzunehmen.

Es gibt aber noch viele, die zu Dir gehören
und für Dich da sind.

Denk mal, wen Du sonst noch alles kennst.

Trage die Namen in die Wohnungen und Häuser ein.

Wir alle brauchen Hilfe
Dir wird geholfen
und
manchmal ist es auch schön
anderen zu helfen.

Du hast nun viel erlebt.
Vieles war schwer.

Du hast viel verloren.
Vieles hat sich verändert.

Und viel Neues wird kommen.
Und eines wirst Du behalten:

Deine Erinnerungen.

Magst Du einige Erinnerungen aufschreiben?

Hallo Du,

wir danken Dir für
Dein Malen,
Dein Schreiben,
Dein Schauen,
Dein Sprechen.

Wir würden uns wünschen,
daß Dir das Buch ein wenig geholfen hat
und Du nun diesen Teil des Lebens,
der Sterben und Tod heißt,
ein bißchen mehr kennengelernt hast.

Geschichten und Erzählungen

Im nachfolgenden Teil finden sich Geschichten und Erzählungen, die anregen können, den Tod aus einer anderen und vielleicht neuen Perspektive zu sehen.

Die Boten des Todes

In der Geschichte von den Boten des Todes wird geschildert, wie sinnlos es ist, dem Tod ausweichen zu wollen.

Vor alten Zeiten wanderte einmal ein Riese auf der großen Landstraße, da sprang ihm plötzlich ein unbekannter Mann entgegen und rief: „Halt! Keinen Schritt weiter!" „Was", sprach der Riese, „du Wicht, den ich zwischen den Fingern zerdrücken kann, du willst mir den Weg vertreten? Wer bist du, daß du so keck reden darfst?" „Ich bin der Tod", erwiderte der andere, „mir widersteht niemand, und auch du mußt meinen Befehlen gehorchen."

Der Riese aber weigerte sich und fing an, mit dem Tode zu ringen. Es war ein langer heftiger Kampf, zuletzt behielt der Riese die Oberhand und schlug den Tod mit seiner Faust nieder, daß er neben einen Stein zusammensank. Der Riese ging seiner Wege, und der Tod lag da besiegt und war so kraftlos, daß er sich nicht wieder erheben konnte. „Was soll daraus werden," sprach er, „wenn ich da in der Ecke liegen bleibe? Es stirbt niemand mehr auf der Welt, und sie wird so mit Menschen angefüllt werden, daß sie nicht mehr Platz haben, nebeneinander zu stehen."

Indes kam ein junger Mensch des Wegs, frisch und gesund, sang ein Lied und warf seine Augen hin und her. Als er den Halbohnmächtigen erblickte, ging er mitleidig heran, richtete ihn auf, flößte ihm aus seiner Flasche einen stärkenden Trank ein und wartete, bis er wieder zu Kräften kam. „Weißt du auch“, sagte der Fremde, indem er sich aufrichtete, „wer ich bin, und wem du wieder auf die Beine geholfen hast?“ „Nein“, antwortete der Jüngling, „ich kenne dich nicht.“ „Ich bin der Tod“, sprach er, „ich verschone niemand und kann auch mit dir keine Ausnahme machen. Damit du aber siehst, daß ich dankbar bin, so verspreche ich dir, daß ich dich nicht unversehens überfallen, sondern dir erst meine Boten senden will, bevor ich komme und dich abhole.“ „Wohlan“, sprach der Jüngling, „immer ein Gewinn, daß ich weiß, wann du kommst, und solange wenigstens sicher vor dir bin.“ Dann zog er weiter, war lustig und guter Dinge und lebte in den Tag hinein.

Allein Jugend und Gesundheit hielten nicht lange aus, bald kamen Krankheiten und Schmerzen, die ihn bei Tag plagten und ihm nachts die Ruhe wegnahmen. „Sterben werde ich nicht“, sprach er zu sich selbst, „denn der Tod sendet erst seine Boten: Ich wollte nur, die bösen Tage der Krankheit wären erst vorüber.“ Sobald er sich gesund fühlte, fing er wieder an, in Freuden zu leben.

Da klopfte ihm eines Tages jemand auf die Schulter. Er blickte sich um, und der Tod stand hinter ihm und sprach: „Folge mir, die Stunde deines Abschieds von der Welt ist gekommen.“ „Wie“, antwortete der Mensch, „willst du dein Wort brechen? Hast du mir nicht versprochen, daß du mir, bevor du selbst kämest, deine Boten senden wolltest? Ich habe keinen gesehen.“

„Schweig“, erwiderte der Tod, „habe ich dir nicht einen Boten über den andern geschickt? Kam nicht das Fieber, stieß dich an, rüttelte dich und warf dich nieder? Hat der Schwindel dir nicht den Kopf betäubt? Zwickte dich nicht die Gicht in allen Gliedern? Brauste dirs nicht in den Ohren?

Nagte nicht der Zahnschmerz in deinen Backen? Ward dirs nicht dunkel vor den Augen? Über das alles, hat nicht mein leiblicher Bruder, der Schlaf, dich jeden Abend an mich erinnert? Lagst du nicht in der Nacht, als wärst du schon gestorben?" Der Mensch wußte nichts zu erwidern, ergab sich in sein Geschick und ging mit dem Tode fort.

Gebrüder Grimm

Und dann?

Die zweite Geschichte, ‚Und dann?', bringt uns zur Auseinandersetzung mit den Fragen: Was zählt? Was ist wesentlich? Was bleibt, wenn wir das Leben vom Tod her betrachten?

Zu dem heiligen Philippus kam einst ein Jüngling und erzählte ihm mit großer Freude, daß seine Eltern ihm auf vieles Bitten hin endlich erlaubt hätten, die Rechtsgelehrsamkeit zu studieren. Er wolle keine Mühe scheuen, die Studien bald und gut zu vollenden.

Der heilige Philippus machte nicht gern viel Gerede, und was man mit drei Worten sagen konnte, sagte er lieber mit anderthalb. Er hörte dem Jüngling ganz gelassen zu und sagte zuletzt nur: „Und dann?"

„Dann werde ich Advokat", erwiderte der fröhliche Student.

„Und dann?" fragte der Heilige weiter.

„Dann", sagte der Jüngling, „werde ich viele verwickelte Rechtshändel zu Ende führen und mir durch meine Kenntnisse und meinen Eifer schon Ruf und Ansehen zu verschaffen wissen. Die Leute werden mir zulaufen und mir ihre Prozesse übertragen."

„Und dann?" fragte der Heilige wieder.

„Dann", fuhr der junge Mann fort, „dann werde ich hübsches Geld verdienen, ein großes Haus an der Hauptstraße kaufen, Pferde und Kutschen anschaffen und ein vergnügtes Leben führen."

Ganz ruhig fragte der Heilige wieder: „Und dann?"

„Dann", sagte der Jüngling langsam, „dann werde ich sterben."

Der heilige Philippus hob die Stimme und fragte noch einmal: „Und dann?"

(Koch/Schelp [Hg.], *Gleichnisse von Meistern erzählt*)

Der Tod

Die Geschichte von Mangaliso schildert sein Suchen und seine Begegnung mit dem Tod, dem er die Frage stellt: ‚Wer bist du?'. Das vorausgehende Gespräch findet statt zwischen Mangaliso und dem ‚Alten', Solomon.

Wieder fragte Mangaliso den Alten: „Müssen alle Menschen sterben?"

„Ja, alle Menschen müssen sterben."

„Auch die Kinder?"

„Auch die Kinder. Der Tod ist grausam. Er hat kein Herz im Leibe."

„Woher kommt der Tod?" fragte Mangaliso.

„Das weiß man nicht. Manche sagen, er komme aus der Hölle und sei ein Teufel. Andere behaupten, er sei ein Engel und komme aus dem Himmel."

„Wo wohnt der Tod?"

„Auf der ganzen Erde. Seine Heimat ist die ganze Welt. Er steigt durch alle Fenster und flieht durch verschlossene Türen. Man kann ihn nicht in ein Gefängnis sperren. Man kann den Tod nicht töten. Einmal versuchte es ein Mann. Er legte sich ins Bett und stellte sich schwerkrank. Der Tod kam in seine Hütte und wollte ihn holen. Der Mann zog rasch seine Axt unter der Decke hervor, sprang aus dem Bett und spaltete den Tod vom Kopf bis zu den Füßen in zwei Hälften. Aus den zwei Hälften wurden zwei Tode. Sie nahmen den Mann mit."

Mangaliso fragte: „Wenn aber alle Menschen zusammenstehen und gegen ihren Feind kämpfen würden, könnten sie ihn dann nicht besiegen?"

„Nein. Der Tod ist stärker als alle Menschen zusammen. Er läßt sich nicht besiegen. Deswegen haben die Menschen große Angst vor ihm. Sie gehen ihm aus dem Weg und fliehen. Aber der Tod holt sie ein und überholt sie, breitet seine dürren Arme aus, und die Menschen laufen geradewegs hinein. Er umschlingt sie in kalter Umarmung, er stößt dabei einen Schrei der Lust aus, und das Leben der Menschen entweicht."

„Wird er nicht einmal müde dabei?" fragte Mangaliso.

„Nein. Mit jedem Menschen, den er holt, wird er jünger und kräftiger. Er kennt keinen Schlaf. Sein Geschäft geht immerzu, auch nachts."

Mangaliso spielte mit seinen Fingern; es schien, als ob er die Geschichten vom Tod vergessen hätte. Am nächsten Tag sagte er zu Solomon: „Ich gehe den Tod suchen. Ich möchte mit ihm sprechen."

Solomon beteuerte: „Mein kleiner Mangaliso, es ist sinnlos; du wirst ihn nicht finden."

Mangaliso ging aber trotzdem fort. Er fragte die Menschen, die er traf: „Habt ihr den Tod gesehen?"

„Nein, wir haben ihn nicht gesehen", sagten diese und gingen weiter.

Mangaliso kam in eine andere Gegend. „Habt ihr den Tod gesehen?"

„Nein. Wir wollen ihn auch nicht sehen", sagten die Menschen.

Mangaliso gab die Hoffnung schon auf, den Tod zu finden, und er beschloß, wieder heimzukehren. Auf dem Heimweg sah er einen Mann auf einem Stein sitzen, in einen schwarzen Mantel gehüllt. Mangaliso meinte, es sei ein Bettler, öffnete seine Tasche und gab dem Mann sein letztes Brot. Der nahm es und dankte nicht. Nur der schwarze Mantel rauschte.

Mangaliso fragte: „Wer bist du?"
Der Mann antwortete: „Ich bin der, den du suchst."
Mangaliso sagte: „Ich habe von dir gehört. Man spricht von dir nichts Gutes."
„Die Menschen machen mich schlimmer, als ich bin. Ich bin gar nicht so schlimm. Ich bin der Menschen Erlöser, ich bringe sie ins eigentliche Leben. Manche rühre ich nur an und sage: Komm!, und sie kommen. Mit anderen muß ich erst einen Zweikampf bestehen. Aber Sieger bleibe ich immer. Manchmal besuche ich schon die Kinder. Sie wehren sich nicht. Kinder kommen nämlich gleich in den Himmel."
„So hole auch mich", sagte Mangaliso.
„Ich werde auch dich holen. Aber deine Stunde ist noch nicht da."
Nach diesen Worten verwandelte sich der Mann in einen großen schwarzen Vogel und flog durch die Luft davon.
Mangaliso stand da und blickte ihm nach, bis er seinen Augen entschwunden war. Aber das Schlagen des Flügelmantels hörte er noch von ferne. Dann war alles still, und Mangaliso ging erheitert heim. Von dieser Begegnung mit dem Tod erzählte er Solomon nichts.

(A. Herold, *Die Geschichte des Mangaliso*)

Geschichte aus dem Pali-Kanon

Die Geschichte aus dem Pali-Kanon kann uns helfen, Erlebnisse anders zu betrachten, als wir es bisher gewohnt waren.

Einstmals lebte in einer Stadt in Indien eine Mutter mit Namen Kisagotami. Nach einer schweren Krankheit hatte Kisagotami ihr geliebtes Kind verloren, das der Mittelpunkt ihres ganzen Lebens gewesen war. Der Schmerz über den Verlust ihres einzigen Kindes war so groß, daß sich ihr Geist verwirrte und sie in der Vorstellung lebte, ihr kleines Kind sei daheim und lediglich krank. So lief sie durch die

Straßen, um eine geeignete Medizin für ihr Kind zu finden.

Auf ihrer erfolglosen und verzweifelten Suche begegnete sie endlich Buddha, der ihr Hilfe versprach.

Indem er sie voll liebender Güte betrachtete, sagte er zu ihr:

„Bringe mir eine Handvoll Sesamkörner. Diese Körner jedoch müssen eine ganz besondere Eigenschaft besitzen."

Da sagte die Frau voller Eifer und Ungeduld zu ihm:

„Sprecht nur, Erhabener, welche Eigenschaft meint Ihr, die die Sesamkörner haben sollen, ich will sie wohl zu beschaffen wissen. „

„Die Körner", sprach da der Erleuchtete zu ihr, „müssen aus einem Hause stammen, in dem niemals ein Vater, eine Mutter, niemals ein Sohn oder eine Tochter, ein Knecht oder eine Magd gestorben sind."

Gern willigte Kisagotami ein, dankte dem Buddha und begann ihre Wanderschaft durch die Straßen der großen Stadt.

Lange wanderte sie so, klopfte an Türen und Tore und lernte die Wege des Lebens und der Menschen Schicksal zu verstehen.

Nicht ein Haus fand sie auf ihrer langen Wanderschaft, in dem nicht Menschen um einen Toten wußten, einen Vater oder eine Mutter, einen Sohn oder eine Tochter, einen Knecht oder eine Magd.

(Nach einem Text von Hellmuth Hecker, *Kisagotami*)

Ich hab zum Sterben kein Talent

Ist uns das Gefühl vertraut, das Konstantin Wecker in seinem Liedertext ausdrückt?

Ich bin heut' seltsam aufgelegt,
ich bin so lustlos voll von Lust.
So leer und trotzdem so erregt,
schon fast bewußtlos, doch bewußt.

Bin wie ein Toter, der sich regt
und noch mal voll ins Volle steigt.
Die besten Plätze sind belegt,
doch ich versteh' mich auf die Zeit
und mach' mich sicher wieder breit.

Ich hab' zum Sterben kein Talent
und hab' fürs Leben kein Gefühl,
mir fehlt ein gutes Argument
um das zu wollen, was ich will.

Ich hab' zum Sterben kein Talent
und bin fürs Leben kaum begabt.
Auch wenn's im Innern manchmal brennt:
Ich hab' noch nichts von mir gehabt.

Ich bin so hungrig und so voll
von einer dummen Trunkenheit,
ich weiß nicht, ob ich atmen soll
und leb' doch eine Ewigkeit.

Steh wie ein Rächer über mir
und weiß nicht, wen ich rächen will.
Ein starker Wille vor der Tür,
und auch ein bißchen Lebensgier,
doch hier im Zimmer ist es still.

Ich hab' zum Sterben kein Talent
und hab' fürs Leben kein Gefühl,
mir fehlt ein gutes Argument
um das zu wollen, was ich will.

Ich hab' zum Sterben kein Talent
und bin fürs Leben kaum begabt.
Auch wenn's im Innern manchmal brennt:
Ich hab noch nichts von mir gehabt.

(Konstantin Wecker, *Wetterleuchten.*)

Das Märchen vom Tod

Im Märchen vom Tod wird dieser einmal ganz anders gesehen.

Der Tod saß mißmutig am Straßenrand.

„Was fehlt dir", fragte einer, der vorbeikam, „warum siehst du so verärgert aus?"

„Ich bin am Ende", sagte der Tod, „ich habe meinen geschichtlichen Auftrag verfehlt. Es wäre meine Bestimmung gewesen, den Menschen, die nur immer das Leben wollen, entgegenzutreten, sie in die Schranken zu weisen. Ich habe mich redlich bemüht: wilde Tiere, Naturkatastrophen, Epidemien – sie mußten mich wohl oder übel zur Kenntnis nehmen. Ich durfte ihnen Feindschaft in die Herzen säen, damit sie sich gegenseitig umbrächten, und die, die das alles überlebten, konnte ich alt werden lassen, damit sie schließlich an Schwäche starben. Es hat mir alles nichts genützt am Ende", sagte der Tod, „die Menschen nehmen mich nicht mehr ernst. Sie sind für mich blind geworden, verschweigen mich. Sie haben, was schlimmer ist, mein tödliches Handwerkszeug mit ihren eigenen Erfindungen so weit in den Schatten gestellt, daß ich ihnen keinen Eindruck mehr mache. Kurzum, ich bin, gemessen an dem, was ich hätte in der Schöpfung sein sollen, zur Unperson geworden, ein Versager."

„Was wirst du tun?" fragte ihn der andere.

„Ich werde mich rächen", antwortete der Tod, „ich habe damit schon angefangen, ein billiger Verkleidungstrick. Da sie mich als Tod nicht mehr zur Kenntnis nehmen wollen, will ich sie in der Maske des Lebens beschleichen; meine tödlichen Keime setze ich gerade dorthin, wo sie eigentlich Wachstum, Fortschritt vermuten. Viel spricht dafür, daß sie das nicht durchschauen werden. Aber Spaß", schloß der Tod und schaute noch trübsinniger drein, „Spaß macht mir das auch keinen mehr."

(Quelle unbekannt)

Der Tod und sein Schüler

Diese letzte Erzählung schildert die Lebensgeschichte eines jungen Mannes, der verzweifelt das Gefühl der Sinnlosigkeit des Lebens erfährt. Diese Verzweiflung veranlaßt ihn, sich auf die Suche nach einer Antwort zu begeben.

Einst lebte in der Provinz Namri, im fruchtbaren Teil nahe dem Fluß, ein junger Mann im Kreise seiner Familie. Zu Beginn des neuen Jahres war er gerade siebzehn Jahre alt geworden und seine Verwandten hatten das Gefühl, es sei nun an der Zeit, daß sie sich nach einer geeigneten Braut umschauen sollten. Er aber verweigerte das Ansinnen und schob alle Zukunftspläne von Tag zu Tag von sich.

Die Leute der Gegend hielten ihn für krank, und vielerorts hatte er den Rat bekommen: „Steig doch hinauf in die Berge, zwei Tagesreisen von hier entfernt lebt ein alter Mann, ein Weiser, der vermag dir vielleicht zu helfen."

Ja, in der Provinz Namri hatte es sich herumgesprochen: Es lebe ein junger Mann unter ihnen, der sei so krank, daß er es nicht mehr verstand zu leben. Ein seltsames, unbekanntes Leiden hatte ihn von früher Kindheit an befallen. Er fürchtete den Tod so sehr, daß er von Augenblick zu Augenblick an ihn denken mußte, jeden Tag und jede Stunde war er verfolgt von dem Gedanken an den Tod.

Und wenn man ihn zum Beispiel fragte, ob er dieses wolle oder jenes, dann antwortete er immer nur mit dem gleichen Satz: „Ach laßt mich, was soll mir euer Ansinnen, alles ist ja doch vergeblich, denn einmal endet alles mit dem Tod."

Als er nun die Qual seiner Seele und den Druck seiner Familie nicht länger aushalten wollte, machte er sich auf den Weg in die Berge, den Alten zu suchen. Ja, eigentlich war der Gedanke an ihn das einzige, das ihm überhaupt noch die Kraft zum Aufbruch gab. So wanderte er, als kenne er den Weg, machte nur hin und wieder eine kleine Pause und kam am frühen Abend des zweiten Tages am Fuße des beschriebenen Berges an. Schon bald entdeckte er einen schmalen Fußpfad, der sich gewunden in die Höhe schlängelte und von dem ihm schien, er führe geradewegs zu dem gesuchten Alten.

Und so war es, kurz vor Mitternacht, der helle Mond hatte gerade die Himmelsmitte erreicht, da lichtete sich das dichte Unterholz und gab einer kleinen Lichtung Raum. Deutlich zeichnete sich im hellen Vollmondlicht der Schauplatz ab. Inmitten eines Aschenfeldes saß er, aufrecht mit untergeschlagenen Beinen, und schien den jungen Mann zu erwarten.

Dieser aber, den Blick erhebend, erstarrte bis ins Mark, sein Blut dröhnte ihm rasend in den Ohren. Was er sah, war so grauenhaft, so entsetzlich wie keines der Bilder oder Vorstellungen seiner Phantasie, die er sich hätte ausmalen können. Was da saß und auf ihn wartete, war der Tod selbst, das dürre Gerippe, gekrönt von einem Schädel, die scheinbar leeren Augenhöhlen und der zu grinsen scheinende Kiefer mit den häßlichen, großen Zähnen.

Und was ihm noch schlimmer war: Mit einem Mal hörte er die Stimme eines alten Mannes aus dem Gerippe tönen: „Nun, da bist du ja!", so, als habe er ihn längst erwartet. Die Skeletthand machte eine weisende Bewegung, als deute sie ihm an, sich zu ihm auf den erleuchteten Aschenplatz zu setzen, und deutlich spürte er nun auch einen befehlenden Blick, der sich aus den Augenhöhlen auf ihn richtete.

So, als habe er nun endlich den innersten Mittelpunkt seiner Angst erreicht, wurde der junge Mann mit einem Mal ruhig, das Herz verlangsamte seinen Schlag und auch die Zunge löste sich wieder. Nicht zu einem Schrei, wie er es noch vor einem Augenblick erwartet hatte, sondern zu einem ganz und gar klaren und geordneten Satz.

„Ich grüße dich, Herr", begann er, „die Leute aus der Provinz Namri haben mir gesagt, daß du vielleicht die Ursache meiner Krankheit heilen könntet. Einige hatten gemeint, du wärest der einzige, der etwas von dieser Art Krankheit verstünde. Und auch mir will es jetzt so scheinen, denn ich erkenne in dir den Herrn des Todes, und meine Krankheit, die mich nicht leben läßt, ist meine unsagbare Angst vor dem Tod. Ja, Herr, der Gedanke an den Tod läßt mich weder recht leben noch sterben, ich kann weder Freude noch Kummer empfinden, denn immer denke ich: was soll mir das alles, wenn ich doch sterben muß. Weder der Gedanke an eine Frau und Kinder, noch die an ein schönes Heim oder Reichtum, noch die Vorstellung eines langen Lebens können mich trösten, denn eines, und nur eines ist mir gewiß, einmal wirst du vor mir stehen und alles, alles hat sein Ende. Deshalb bin ich nun zu dir gekommen, um dich um Hilfe oder um deinen Rat zu bitten, damit es mir möglich wird, wie alle anderen zu leben und zufrieden zu sein mit dem, was ich habe."

„Ob du so leben wirst wie alle anderen", begann der Alte, „das vermag ich nicht zu sagen, aber eine Weisung, wenn du sie empfangen magst, kann ich dir wohl geben. Doch eine Bedingung, ja Forderung stelle ich an dich: Ich kann deinem Begehren nur Folge leisten, wenn du bereit bist, mein Schüler zu werden und dich mir als deinem Meister zu verpflichten und meinen Anweisungen zu folgen. Bist du dazu bereit und willens?" Streng und prüfend schauten ihn die augenlosen Augen aus den tiefen Höhlen an.

Dem jungen Mann war es, als habe er nie zuvor einen so strengen und zugleich gütigen Blick von einem Wesen empfangen, und ohne zu zögern antwortete er ihm: „Ich werde dir Gehorsam leisten und dich als meinen Lehrer anerkennen, werde deine Weisungen getreulich befolgen. Nur bitte ich dich um eines, befreie mich von der Angst vor dem Tode, das ist mein einziger Wunsch."

„Nun, so sage ich dir heute, steige wieder hinab zu deinen Brüdern und Verwandten, lebe unter ihnen, wie du es bisher getan hast. Gehe deiner Arbeit nach und sei den anderen nützlich. Aber bei allem, was du tust, bei allem, was du siehst und was dir begegnet, frage dich immer wieder diesen einen Satz: ‚Wer ist es, der stirbt?'. Nur immer wieder dieses eine: ‚Wer ist es, der stirbt?'. Geh nun, mein junger Freund. Kehre zurück, wenn du die Antwort kennst. Ich sage dir aber, du mußt dir dieser Antwort sicher sein, denn wenn sie nicht der Wahrheit entspricht, wird mein sengender Blick der Wirklichkeit sie augenblicklich verzehren. Ich warte auf dich, wir sehen uns wieder."

Mit diesem Satz war der junge Mann verabschiedet, das spürte er ganz deutlich. Im Angesicht des Todes gab es keine überflüssigen Reden und Fragen. So stieg er denn, vom hellen Mondschein begleitet, hinab und wanderte durch die Nacht seiner Heimat entgegen. Eines aber hatte sich verändert. Irgendwie war sein Inneres ruhiger geworden, vielleicht hatte der strenge Blick des Alten doch einen Funken der Hoffnung in ihm entzündet.

Heimgekehrt zu den Seinen, ordnete er sich ein, arbeitete und diente, und das einzige, das ihn von den anderen unterschied war, daß er es weiterhin ablehnte, eine junge Frau zu sich zu nehmen, und daß er schweigsamer war als andere Männer seines Alters. Seine Mutter vermeinte zu sehen, daß er immer und immer wieder eine Frage ganz leise, unhörbar vor sich hinmurmelte; auch wenn er schlief, kam es ihr vor, als vernähme sie manchmal so etwas wie eine Frage von seinen Lippen.

Jahre um Jahre vergingen, es waren stille und vielleicht auch mühselige Jahre, und eines Tages sagte er zur Mutter, daß er zum Vollmond aufbrechen werde in die Berge.

Diesmal kannte er seinen Weg, diesmal war keine Angst in ihm, als er den Meister dort oben sitzen sah. Nein, es war so etwas wie Freude in ihm, die Freude des Wiedersehens und die Freude der Hoffnung, die ihm im Herzen wohnte, denn er hatte das Gefühl, daß die gefundene Antwort dem Blick des Alten standhalten könne.

„Nun, mein Sohn, was hast du herausgefunden, sprich!"

„Meister, ich habe gefunden, daß diese Frage nicht beantwortet werden kann. Der menschliche Geist hat keine Antwort, denn er kann das oder den, der in allen Dingen wohnt, nicht erkennen.

Wer ist es, der in mir atmet und denkt, wer ist es, der im Samen wohnt und ihn antreibt, Pflanze oder Baum zu werden? Wer lacht oder weint im Herzen eines kleinen Kindes? Und wer ist es, der in mir das Leben erfährt, sich verändert und doch immer gleich bleibt? Wenn ich sage, ich bin es, so ist das ein Trug, denn der, der sich am Morgen erhebt, ist schon am Abend nicht mehr der gleiche."

Hier spürte er nun, daß alles Weiterreden ihn nicht weiter brächte, daß das, was es zu sagen gab, gesagt war, so unsagbar es auch immer war.

Wieder fühlte er den Blick des Todes auf sich ruhen, diesmal kam er ihm weniger streng und furchtbar vor, vielmehr lag Milde und Güte in ihm. „Mein Schüler, steige nun wieder hinab in die Welt und nimm meine Weisung mit dir. Befolge sie getreulich und kehre zurück, wenn sich der Auftrag erfüllt hat. Ich gebiete dir nun, ein Haus zu errichten, lasse dich nieder, gründe einen Hausstand, liebe deine Frau, sorge für sie, habt Kinder miteinander. Schütze sie und die deinen. Ich sage dir voraus, daß bald deine Mutter und auch in Kürze dein Vater sterben werden. Und auch das sage ich dir, es wird dir schwer werden ums Herz, denn auch deine Frau und später deine geliebten Kinder, sie alle werden dich verlassen und sterben. Jeweils zur rechten Stunde werde ich kommen und ihnen die Augen schließen, und wenn du aufmerksam bist, wirst du mich sehen, wie ich an ihrem Lager stehen werde. Beobachte gut und genau. Beobachte das Leben und den Tod, prüfe alles und erkenne. Die Frage, die ich dir mitgeben will, heißt: ‚Was bleibt?'.

Und noch eines sage ich dir: Schaue, was all das mit dir macht, betrachte wie auch du dich veränderst, und komme dann zur rechten Zeit zurück, so will ich sehen, ob du die Prüfung bestanden hast!"

Alles geschah nun, wie es der Tod vorausgesagt hatte. Die Leute aus der Provinz Namri wunderten sich sehr, als sie die Hochzeitsvorbereitungen sahen. Nun heiratet er doch, wie alle anderen rechten Leute, dachten manche Leute hämisch.

Nur er selber wußte, daß all das geschah auf seiner langen Reise der Schülerschaft, auf seiner Suche nach dem Wissen um den Tod. Aber seltsamerweise vergaß er fast, daß er all das erlebt und unternommen hatte, um die Angst vor dem Tode zu verlieren, denn Liebe und Schmerz erfaßten ihn mächtig, und manchmal konnte er die beiden gar nicht mehr voneinander trennen und unterscheiden. Beim Tod seiner Eltern überflutete ihn große Dankbarkeit. Erst jetzt erkannte er, was sie ihm gegeben hatten. Die Liebe seiner Mutter, die fürsorgliche Strenge seines Vaters, ihrer beider Geduld und Nachsicht mit ihm. Das alles erkannte er mit ihrem Sterben und war bereit, es hundertfach an seine Kinder weiterzugeben.

Und dann, einige Jahre später, wurde seine Frau krank und siechte dahin. Als sie in seinen Armen die letzten Atemzüge tat, war ihm so weh ums Herz, daß er sein eigenes Leben für das ihre gegeben hätte. Als er seinen tränenverhangenen Blick aufrichtete, sah er mit einem Male den Tod. Er stand neben der Gefährtin seines Lebens und schloß ihr mit sanfter Gebärde die Augen. Ein gütiges und zärtliches Lächeln ging von ihm aus, und da war dem Mann mit einem Mal, für einen Augenblick, als käme ihm eine Antwort. Eine Antwort auf eine uralte Frage, die er seit Ewigkeiten in der Brust mit sich trug. Aber die Wellen der Verzweiflung, der Wut und der Ohnmacht, des fieberhaften Schmerzes überfluteten ihn, so daß dieser Augenblick des Verstehens und Wissens ganz und gar wieder versank und ohne Erinnerung blieb.

Beim Tod seiner Kinder, auch ihn hatte der Tod ja vor Zeiten vorausgesagt, war ihm, als stürbe er selber. Still war er geworden und ohne Auflehnung. Er pflegte sie beide bis zu ihren letzten Atemzügen, nahm Abschied, und oft fragte er sich, wer wohl gegangen sei: ob die Kinder von ihm, oder ob nicht er selbst im Schmerz um sie erloschen war.

Als auch ihre Körper ein Grab in der Erde bekommen hatten, richtete er sein Haus und ordnete seine Angelegenheiten, und als er fortging, ließ er, ganz so, als geschehe es absichtslos, die Tür seiner Behausung offen stehen, damit vielleicht in einiger Zeit einer, der vorbeiwandern würde, sich das verlassene Haus zur Heimat nehmen könne.

Denn er war ein Heimatloser geworden, ja, er wollte ein Heimatloser sein, denn er hatte verstanden, daß nichts bleibt, daß alles vergeht, daß keine Sicherheit und Heimat ist. Aber auf seltsame Weise war er ruhig, ja zufrieden geworden. Die Leute von Namri achteten ihn, und manche behaupteten, er sei ein Weiser geworden, denn es ging ein Lächeln von ihm aus, das keinen Wandel kannte. Er hatte sich ja eingeordnet in das Gesetz des Lebens, er hatte gelernt, daß alles Aufbruch ist, daß alles Wechsel und Wandel ist, und daß alle unterschiedslos Teil dieses dahinströmenden Seins sind, ja für immer sein werden.

So zog er durch die Provinz Namri, durch all die bewohnten und unbewohnten Täler und Höhen, und kehrte hin und wieder in Hütten und Häusern ein. Er sprach wenig, manche meinten, er rede gar nicht mehr, und doch war es allen, wenn er von ihnen fortging, daß sie sich gestärkt und getröstet fühlten, daß etwas von ihrer Angst, der Angst vor dem Leben oder der Angst vor dem Sterben, dem Kommenden und dem Unbekannten von ihnen genommen war.

So vergingen Jahr um Jahr, und längst schon wußte er nicht mehr, wie viele es waren, die er so dahingezogen war im Strom des Seins. Da entstand in seinem Innern das Gefühl, es sei nun an der Zeit, auf den Vollmond zu warten und sich von ihm zum Berge des Todes führen zu lassen. Längst hatte er keine Angst mehr, dorthin zurückzukehren. Schon lange war ihm ja nun der Weg bekannt, eigentlich war sein ganzes Leben ein Weg des Sterbens geworden. Ein heiterer

Weg, auf dem Ankunft und Abschied unterschiedslos ineinander sinken.

Als er den hell erleuchteten Pfad hinaufstieg, fühlte er, daß sein Körper alt und gebrechlich geworden war. Hin und wieder dachte er, er würde die Lichtung, auf der er seinen Meister finden würde, nicht mehr erreichen können vor Erschöpfung und Müdigkeit. Doch immer dann spürte er eine geheime Kraft in sich, eine Kraft, die ihm nicht seine eigene zu sein schien, die ihn weiter bewegte, seinem Ziel entgegen. Und endlich war da der Platz. Er sah: nichts war verändert, alles war, wie er es verlassen hatte, und gleichzeitig erschien ihm alles anders. Auch diesmal klopfte sein Herz, aber es war Freude, eine tiefe Freude, die ihm sagte, daß er am Ziel seiner Reise, seines Suchens und Fragens angekommen war.

Da erhob sich der Tod von seinem Sitz und mit einem Male verwandelte er sich in ein leuchtendes Strahlen, in einen milden Glanz, der ihn umarmte und einhüllte. Er fühlte, wie er von diesem Leuchten auf den Platz inmitten des Aschenfeldes geleitet wurde, und hörte aus dem lichten Glanz heraus die Stimme seines Lehrers: „Ich freue mich, daß du deinen Weg zu mir zurückgefunden hast. Du hast wahrlich das Amt eines Schülers erfüllt. Du hast den Menschen gedient, hast gelernt zu lieben und in der Liebe dein eigenes Leben zu verschenken, du hast dich dem Strom und Wandel des Lebens anvertraut und hast gelernt, von Augenblick zu Augenblick zu sterben. Ich neige mich vor dir mit der Achtung eines Meisters. Du wirst in Zukunft meinen Platz einnehmen und an meiner Stelle der Lehrer der Menschen werden, denn das sage ich dir heute als ein Geheimnis: Die Rolle des Todes ist die Rolle des Lehrers. Auf Erden ist er der höchste aller Lehrer, und wer es vermag, sich seinen Lehren zu unterstellen, wird große Weisheit, Frieden und Liebe erlangen."

Da fühlte der Schüler, wie er eins wurde mit seinem verehrten Lehrer, wie er eins wurde mit dem Tod, wie ihn sein

Leuchten und Glanz durchdrangen, und wie er einverstanden war, die Stelle des Meisters einzunehmen.

Wie die Leute aus der Provinz Namri erzählen, findet auch heute noch manchmal ein Mensch bei Vollmond den Weg zum Berge des Todes. Und auch heute noch können diese Menschen, wenn sie bereit sind, in den Stand der Schülerschaft zu treten, Weisung und Lehre empfangen.

(Lis Bickel)

Verwendete Literatur

Drewermann, E.: Ich steige hinab in die Barke der Sonne. Walter Verlag, Olten, 1989.

Evans-Wentz., W.Y.: Das Tibetanische Totenbuch. Walter Verlag, Olten, 1987.

Fändrich, H.: Die Bhagavad Gita. Bücher der Schatzkammer. Schatzkammer Verlag, Calw o.J.

Frisch, M.: Vom Sterben. Aus: Gesammelte Werke in zeitlicher Folge. [c] Suhrkamp Verlag, Frankfurt/M. 1976.

Hesse, H.: Stufen. Aus: Die Gedichte. © Suhrkamp Verlag, Frankfurt/M. 1977.

Hecker, Hellmuth: Kisagotami, WW Nr. 3/1972.

Herold, A.: Die Geschichte des Mangaliso. © Echter Verlag, Würzburg 1991^8.

Kaschnitz, M.-L.: Ein Leben nach dem Tode. Aus: Gesammelte Werke, Bd. 5: Die Gedichte. © Suhrkamp Verlag, Frankfurt am Main, 1985, S. 504.

Koch K.H./Schelp B. (Hg.): Gleichnisse von Meistern erzählt. © Param Verlag, Clausthal-Zellerfeld, 1982.

Kungfutse: Gespräche. Lun Yün. Eugen Diedrichs Verlag, Köln, 1987.

Macha, J. (Hg.): Aus Tod wird Leben. Rita G. Fischer Verlag, Frankfurt 1992.

Novalis: Werke. Hoffmann und Campe, Hamburg, 1959.

Rinser, L.: Mitte des Lebens. Fischer Verlag, Frankfurt am Main, 1983.

Reshad, F.: Ich ging den Weg des Derwisch. Fischer Verlag, Frankfurt/Main 1976.

Tausch, A.-M./Tausch, R.: Sanftes Sterben. Rowohlt Taschenbuch, Reinbek b. Hamburg, 1985.

Tschuang tse: Lebe bewußt. Drei Eichen Verlag, Engelberg/Schweiz, 1976.

Weber, G.: Zweierlei Glück. Die systemische Psychotherapie Bert Hellingers. Auer Verlag, Heidelberg, 1993.

Wecker, K.: Ich hab zum Sterben kein Talent. Musik und Text: Konstantin Wecker. © Musik-Edition Dicoton GmbH 1976, München.

Autorinnen und Verlag danken für die freundlicherweise erteilten Abdruckgenehmigungen.

Patiententestamente in

Student, C.: Recht auf den eigenen Tod. Patmos Verlag, Düsseldorf 1993.

Christliche Patientenverfügung: Venus Druckerei, Birkerstr. 22, 80636 München, 0 89/18 80 18